PERÍCIA FINANCEIRA EM OPERAÇÕES DE CRÉDITO

PERÍCIA FINANCEIRA EM OPERAÇÕES DE CRÉDITO

Paulo Cordeiro de Mello

Rua Clara Vendramin, 58 – Mossunguê
CEP 81200-170 – Curitiba – PR – Brasil
Fone: (41) 2106-4170
www.intersaberes.com
editora@intersaberes.com

Conselho editorial
Dr. Alexandre Coutinho Pagliarini
Drª. Elena Godoy
Dr. Neri dos Santos
Mª. Maria Lúcia Prado Sabatella

Editora-chefe
Lindsay Azambuja

Gerente editorial
Ariadne Nunes Wenger

Assistente editorial
Daniela Viroli Pereira Pinto

Preparação de originais
Gilberto Girardello Filho

Edição de texto
Monique Francis Fagundes Gonçalves
Palavra do Editor

Capa
Charles L. da Silva (*design*)
M.Style/Shutterstock (imagem)

Projeto gráfico
Sílvio Gabriel Spannenberg

Adaptação do projeto gráfico
Kátia Priscila Irokawa

Diagramação
Rafael Ramos Zanellato

***Designer* responsável**
Charles L. da Silva

Iconografia
Regina Claudia Cruz Prestes
Sandra Lopis da Silveira

Dados Internacionais de Catalogação na Publicação (CIP)
(Câmara Brasileira do Livro, SP, Brasil)

Mello, Paulo Cordeiro de
    Perícia financeira em operações de crédito / Paulo Cordeiro de Mello. -- Curitiba, PR : Intersaberes, 2025.

    Bibliografia.
    ISBN 978-85-227-1649-4

    1. Laudos periciais - Brasil 2. Matemática financeira 3. Perícia contábil I. Título.

24-240160   CDD-657.450981

Índices para catálogo sistemático:
1. Perícia financeira : Contabilidade   657.450981

    Eliete Marques da Silva – Bibliotecária – CRB-8/9380

1ª edição, 2025.
Foi feito o depósito legal.

Informamos que é de inteira responsabilidade do autor a emissão de conceitos.

Nenhuma parte desta publicação poderá ser reproduzida por qualquer meio ou forma sem a prévia autorização da Editora InterSaberes.

A violação dos direitos autorais é crime estabelecido na Lei n. 9.610/1998 e punido pelo art. 184 do Código Penal.

Sumário

9 *Agradecimentos*

11 *Apresentação*

13 *Como aproveitar ao máximo este livro*

17 **Capítulo 1 – Sistema Financeiro Nacional**
17 1.1 Considerações iniciais sobre o Sistema Financeiro Nacional
18 1.2 Estrutura e funcionamento do Sistema Financeiro Nacional
21 1.3 Banco Central do Brasil
22 1.4 Instituições financeiras bancárias

29 **Capítulo 2 – Operações de crédito no mercado financeiro**
29 2.1 Operações de crédito e o sistema de classificação para pesquisa do Banco Central do Brasil
30 2.2 Operações de crédito com recursos livres
34 2.3 Operações de crédito com recursos direcionados

39 **Capítulo 3 – A perícia financeira em processos envolvendo operações de crédito**
39 3.1 Operações de crédito na Justiça e a perícia financeira
40 3.2 Perícia financeira em operações de crédito: esclarecimento de dúvidas técnicas na fase de conhecimento e desenvolvimento de cálculos em liquidação de sentença
41 3.3 Determinação para a realização de perícia judicial, nomeação de perito judicial e indicação de assistente técnico no Código de Processo Civil
43 3.4 Condições operacionais para o desenvolvimento do trabalho pericial e o Código de Processo Civil

51 **Capítulo 4 – Condições técnicas para o desenvolvimento de perícia financeira em operações de crédito**
51 4.1 Definição do objeto e do objetivo da prova pericial financeira
52 4.2 Análise de dados e informações existentes nos autos e verificação técnica da necessidade de documentação complementar para a realização de perícia financeira

53	4.3 Pesquisas técnicas e diligências em perícia financeira
53	4.4 Desenvolvimento de pesquisas técnicas periciais com base em dados e informações disponíveis na página eletrônica do Banco Central do Brasil
67	**Capítulo 5 – Perícia financeira em operações de crédito: apontamento de dúvidas técnicas por meio de quesitos formulados para a perícia**
67	5.1 Quesitos apresentados em perícia financeira
69	5.2 Respostas de quesitos em perícia financeira na prática
73	5.3 Matemática financeira para peritos
79	**Capítulo 6 – Casos práticos de perícia financeira envolvendo operações de crédito**
79	6.1 Desenvolvimento de perícia judicial, elaboração de laudo pericial e apresentação de parecer técnico
80	6.2 Casos práticos de perícia financeira
134	*Considerações finais*
135	*Lista de siglas*
136	*Referências*
138	*Anexo I – Resolução CMN n. 1.064, de 5 de dezembro de 1985, do Banco Central do Brasil*
139	*Anexo II – Resolução CMN n. 4.882, de 23 de dezembro de 2020, do Banco Central do Brasil*
140	*Anexo III – Modelo de Termo de Diligência na Perícia Judicial*
141	*Respostas*
144	*Sobre o autor*

Para minha filha Julia, com quem descubro diariamente que a vida é um constante e maravilhoso aprendizado.

Agradecimentos

Muitas pessoas contribuíram direta ou indiretamente para a construção deste livro. Primeiramente, é importante destacar a participação da amiga Sonia Regina Ribas Timi, que idealizou o projeto do curso de Perícia e me indicou para participar da preparação do tema específico "Perícia em contratos bancários". Sonia é perita e professora dedicada aos mais diversos assuntos relacionados à perícia judicial. Não por acaso, sua contribuição para que tantas iniciativas ampliem as fontes de pesquisa e bases técnicas da perícia é inestimável. Em nome dela, estendo meus agradecimentos a todos os profissionais e professores de perícia que conheci em minha vida profissional e acadêmica, com os quais venho absorvendo detalhes técnicos e práticos da perícia.

Também quero agradecer ao Prof. Dr. Ivam Ricardo Peleias, que, ao longo do módulo de Didática de Ensino da Contabilidade no programa de mestrado, incentivou-me a estudar e preparar uma aula sobre a formulação e a resposta de quesitos em perícia – cujos conteúdos foram retomados e adaptados para serem inseridos nesta publicação.

No período em que venho atuando como professor e instrutor em cursos de Perícia Financeira, tive a oportunidade de percorrer o país para apresentar diversos formatos de cursos com abordagens sobre a matéria financeira aplicada à perícia judicial. Tendo isso em mente, preciso destacar a alegria de ter conhecido, nessa trajetória, pessoas muito especiais que, de alguma forma, também me inspiraram enquanto escrevia este livro. Agradeço especialmente a Giancarlo Zannon, a Janaina Riegel e a meus antigos alunos – muitos, aliás, são destacados profissionais atuantes em perícia judicial –, que suscitaram questões práticas para debate e trouxeram hipóteses para a solução de controvérsias nas matérias financeiras, facilitando o desenvolvimento das atividades em sala de aula e, ainda, contribuindo para o meu próprio aprimoramento no tema central desta obra.

Também sou extremamente grato por todas as oportunidades que tive, em tantos anos de profissão, de realizar trabalhos periciais envolvendo a matéria financeira, a qual até hoje constitui o principal tema em minha atividade como perito na Justiça. Então, agradeço a cada juiz que confiou em meu trabalho, durante todo esse tempo, para a construção de uma carreira com muitas realizações, lembrando-me, ainda, daqueles que, por extensos períodos, acompanharam especialmente os resultados de minhas perícias financeiras: Dr. Márcio Roberto Alexandre, Dr. Fabio Varsele Hilal, Dr. Miguel Ferrari Junior, Dr. Iberê de Castro Dias, Dr. Rodrigo de Castro Carvalho e Dr. Anderson Fabrício da Cruz.

Finalmente, e não menos importante, agradeço particularmente a contribuição do Conselho Federal de Contabilidade (CFC) e dos Conselhos Regionais de Contabilidade (CRCs) no desenvolvimento das atividades sobre perícia em que participei como palestrante, como no caso da XIX Convenção de Contabilidade do Rio Grande do Sul, ocorrida em 2023, na qual apresentei a palestra "Perícia: cálculos financeiros", cujas reflexões me proporcionaram bons *insights* para a escrita deste livro. Serei eternamente grato por ter feito e seguir fazendo parte de tantos eventos significativos, sempre com o objetivo pessoal de ampliar o leque de debates relevantes sobre a atuação nas perícias judicial, contábil e financeira.

Apresentação

A perícia financeira é uma modalidade específica de prova técnica, realizada principalmente na esfera judicial, mediante a aplicação de conhecimento técnico-científico em matéria financeira por pessoas capacitadas para tanto – normalmente, profissionais com formação superior em Economia, Administração de Empresas e/ou Ciências Contábeis, além de outras áreas técnicas correlatas.

Nos processos judiciais em que são discutidas operações financeiras, especialmente as operações de crédito, como empréstimos, financiamentos, cartão de crédito e cheque especial, podem surgir questões controversas envolvendo matéria técnica. Esse contexto aponta para a necessidade de serem realizados estudos e análises sobre formas de cálculo aplicadas, apuração de taxas de juros, desenvolvimento de cálculos com a utilização de indexadores financeiros etc., justificando a determinação para a realização de perícia especializada, com o objetivo de esclarecer dúvidas e apoiar os juízes para que formem suas convicções quanto aos aspectos em debate judicial. Todo esse procedimento é responsável por viabilizar, por fim, a tomada de decisão judicial fundamentada em prova técnica.

A base técnico-científica dos profissionais atuantes em perícia financeira é encontrada na matemática financeira, além do campo que abrange os aspectos normativos e operacionais do mercado financeiro. São raros, entretanto, os estudos específicos acerca da efetiva aplicação desses conhecimentos agregados para o desenvolvimento de trabalhos periciais na Justiça.

Assim, contribuindo para ampliar a base de estudos específicos da perícia, neste livro, fornecemos um apanhado prático e objetivo dos principais temas que envolvem a matéria financeira tratada em processos judiciais. Nosso intento com tal empreitada é oferecer informações relevantes aos profissionais que atuam, ou pretendem atuar, na perícia financeira em operações de crédito, indicando como os trabalhos periciais financeiros devem ser desenvolvidos.

Sob essa ótica, apresentaremos as principais temáticas vinculadas à perícia financeira envolvida na elucidação de elementos técnicos de operações bancárias, principalmente das operações de crédito. Tais temas estão distribuídos ao longo dos capítulos da seguinte maneira:

- Capítulos 1 e 2: a estrutura do Sistema Financeiro Nacional (SFN) e das principais operações de crédito existentes no mercado financeiro;
- Capítulo 3: a identificação de como uma perícia deve ser desenvolvida em um processo judicial, destacando-se fatores específicos referentes às condições operacionais para a realização da perícia financeira na Justiça;

- Capítulo 4: as condições técnicas para o desenvolvimento de perícia financeira em operações de crédito, como a observação do objeto e do objetivo de estudo da perícia, a verificação de dados e documentos existentes no processo e, ainda, daqueles que devem ser obtidos adicionalmente por meio de pesquisas e diligências periciais, entre outros aspectos;
- Capítulo 5: a descrição das duas possibilidades de realização de perícia financeira em processos judiciais – para o esclarecimento de dúvidas técnicas na fase de conhecimento e para o desenvolvimento de cálculos em liquidação de sentença –, bem como um o estudo prático sobre a forma adequada de apresentar as respostas aos quesitos em perícia financeira;
- Capítulo 6: a reprodução de quatro casos práticos reais, com a identificação de laudos periciais adaptados e que podem auxiliar na compreensão de como se deve elaborar um trabalho pericial completo, com a apresentação de dados e outros elementos.

Bons estudos!

Como aproveitar ao máximo este livro

Empregamos nesta obra recursos que visam enriquecer seu aprendizado, facilitar a compreensão dos conteúdos e tornar a leitura mais dinâmica. Conheça a seguir cada uma dessas ferramentas e saiba como estão distribuídas no decorrer deste livro para bem aproveitá-las.

Conteúdos do capítulo
Logo na abertura do capítulo, relacionamos os conteúdos que nele serão abordados.

Após o estudo deste capítulo, você será capaz de:
Antes de iniciarmos nossa abordagem, listamos as habilidades trabalhadas no capítulo e os conhecimentos que você assimilará no decorrer do texto.

Importante!
Algumas das informações centrais para a compreensão da obra aparecem nesta seção. Aproveite para refletir sobre os conteúdos apresentados.

Para saber mais

Sugerimos a leitura de diferentes conteúdos digitais e impressos para que você aprofunde sua aprendizagem e siga buscando conhecimento.

Síntese

Ao final de cada capítulo, relacionamos as principais informações nele abordadas a fim de que você avalie as conclusões a que chegou, confirmando-as ou redefinindo-as.

Questões para revisão

Ao realizar estas atividades, você poderá rever os principais conceitos analisados. Ao final do livro, disponibilizamos as respostas às questões para a verificação de sua aprendizagem.

Questões para reflexão

Ao propormos estas questões, pretendemos estimular sua reflexão crítica sobre temas que ampliam a discussão dos conteúdos tratados no capítulo, contemplando ideias e experiências que podem ser compartilhadas com seus pares.

Conteúdos do capítulo

- Estrutura e funcionamento do Sistema Financeiro Nacional (SFN).
- As instituições financeiras em litígios judiciais.

Após o estudo deste capítulo, você será capaz de:

1. entender como o SFN é estruturado;
2. compreender quais são as funções dos componentes do SFN;
3. reconhecer a participação das instituições financeiras em litígios judiciais no país.

1

Sistema Financeiro Nacional

1.1 Considerações iniciais sobre o Sistema Financeiro Nacional

No Brasil, a promulgação da Lei n. 4.595, de 31 de dezembro de 1964, efetivamente estruturou e regulou o Sistema Financeiro Nacional (SFN) tal como o conhecemos. A referida lei também dispõe sobre a política e as instituições monetárias, bancárias e creditícias, além de criar o Conselho Monetário Nacional (CMN), entre outras providências (Brasil, 1964).

O SFN é composto por diversas entidades e instituições responsáveis por realizar intermediações financeiras, possibilitando, ainda, que pessoas físicas e jurídicas que necessitam de recursos financeiros encontrem instituições que ofereçam modalidades de acesso aos valores monetários disponíveis, mediante operações creditícias, além de viabilizar investimentos e aplicações financeiras.

No SFN, encontramos os seguintes agentes: (i) **normativos**, que estabelecem regras para o funcionamento do sistema; (ii) **supervisores**, que acompanham e fiscalizam as operações financeiras; e (iii) **operadores**, que representam as instituições que operacionalizam as inúmeras intermediações financeiras, de crédito e investimento.

Destacamos mais especificamente que o SFN, conforme descrito no art. 1º da Lei n. 4.595/1964, com alteração realizada pelo Decreto-Lei n. 278, de 28 de fevereiro de 1967, é formado por (Brasil, 1964, 1967):

- Conselho Monetário Nacional (CMN);
- Banco Central do Brasil (BCB/Bacen);
- Banco do Brasil S.A.;
- Banco Nacional do Desenvolvimento Econômico e Social (BNDES);
- demais instituições financeiras públicas e privadas.

Observamos em Assaf Neto (2023, p. 43) o seguinte destaque quanto ao SFN:

> O sistema financeiro é composto por um conjunto de instituições financeiras públicas e privadas, e seu órgão normativo máximo é o Conselho

Monetário Nacional (CMN). Por meio do SFN, viabiliza-se a relação entre agentes carentes de recursos para investimento e agentes capazes de gerar poupança e, consequentemente, em condições de financiar o crescimento da economia. Por agentes carentes de recursos entende-se aqueles que assumem uma posição de tomadores no mercado, isto é, que despendem em consumo e investimento valores mais altos que suas rendas. Os agentes superavitários, por seu lado, são aqueles capazes de gastar em consumo e investimento menos do que a renda auferida, formando um excedente de poupança.

No mesmo sentido, Fortuna (2020, p. 16) assim define o sistema financeiro organizado:

> Uma conceituação bastante abrangente de sistema financeiro poderia ser a de um conjunto de instituições que se dedicam, de alguma forma, ao trabalho de propiciar condições satisfatórias para a manutenção de um fluxo de recursos entre poupadores e investidores. O mercado financeiro, onde se processam essas transações, permite que um agente econômico qualquer (um indivíduo ou empresa), sem perspectivas de aplicação em algum empreendimento próprio, da poupança que é capaz de gerar (denominado como um agente econômico superavitário), seja colocado em contato com outro, cujas perspectivas de investimento superam as respectivas disponibilidades de poupança (denominado como um agente econômico deficitário).

1.2 Estrutura e funcionamento do Sistema Financeiro Nacional

Estabelecido pelo art. 2º da Lei n. 4.595/1964, o CMN é o órgão responsável por formular as políticas da moeda e do crédito. Na mesma lei, nos arts. 3º, 4º e 5º, constam atualmente os aspectos específicos sobre os objetivos, as competências e as atribuições do CMN, incluindo as revogações e inclusões feitas por leis posteriores.

Por sua vez, o art. 9º da Lei n. 4.595/1964 informa que compete ao Banco Central do Brasil (Bacen) – antigo Banco Central da República do Brasil – "cumprir e fazer cumprir as disposições que lhe são atribuídas pela legislação em vigor e as normas expedidas pelo Conselho Monetário Nacional" (Brasil, 1964).

Além disso, conforme citado no art. 10 da referida lei, cabe particularmente ao Bacen (Brasil, 1964):

- emitir dinheiro (moeda-papel e moeda metálica);
- executar os serviços do meio circulante;
- determinar o recolhimento de depósito compulsório das instituições financeiras em condições definidas na legislação;
- realizar operações de redesconto e empréstimo com instituições financeiras públicas e privadas;
- exercer o controle do crédito e dos capitais estrangeiros;
- ser depositário das reservas oficiais de ouro e de moeda estrangeira;
- exercer a fiscalização das instituições financeiras e aplicar as penalidades previstas;
- conceder autorização às instituições financeiras para funcionamento no país e realização de operações diversas;
- efetuar operações de compra e venda de títulos públicos federais como instrumento de política monetária;
- efetuar operações de compra e venda de moeda estrangeira como instrumento de política cambial;
- entre outros aspectos detalhadamente descritos no art. 10 da Lei n. 4.595/1964.

Apresentamos a seguir a reprodução completa das condições definidas nos arts. 17 e 18 da Lei n. 4.595/1964, os quais tratam especialmente dos aspectos da legislação federal indicada sobre as instituições financeiras, considerando a relevância da observação de todos os seus aspectos:

> Art. 17. Consideram-se instituições financeiras, para os efeitos da legislação em vigor, as pessoas jurídicas públicas ou privadas, que tenham como atividade principal ou acessória a coleta, intermediação ou aplicação de recursos financeiros próprios ou de terceiros, em moeda nacional ou estrangeira, e a custódia de valor de propriedade de terceiros.
>
> Parágrafo único. Para os efeitos desta lei e da legislação em vigor, equiparam-se às instituições financeiras as pessoas físicas que exerçam qualquer das atividades referidas neste artigo, de forma permanente ou eventual.
>
> Art. 18. As instituições financeiras somente poderão funcionar no País mediante prévia autorização do Banco Central da República do Brasil ou decreto do Poder Executivo, quando forem estrangeiras.
>
> § 1º Além dos estabelecimentos bancários oficiais ou privados, das sociedades de crédito, financiamento e investimentos, das caixas econômicas e das cooperativas de crédito ou a seção de crédito das cooperativas que

a tenham, também se subordinam às disposições e disciplina desta lei no que for aplicável, as bolsas de valores, companhias de seguros e de capitalização, as sociedades que efetuam distribuição de prêmios em imóveis, mercadorias ou dinheiro, mediante sorteio de títulos de sua emissão ou por qualquer forma, e as pessoas físicas ou jurídicas que exerçam, por conta própria ou de terceiros, atividade relacionada com a compra e venda de ações e outros quaisquer títulos, realizando nos mercados financeiros e de capitais operações ou serviços de natureza dos executados pelas instituições financeiras.

§ 2º O Banco Central da Republica do Brasil, no exercício da fiscalização que lhe compete, regulará as condições de concorrência entre instituições financeiras, coibindo-lhes os abusos com a aplicação da pena (Vetado) nos termos desta lei.

§ 3º Dependerão de prévia autorização do Banco Central da República do Brasil as campanhas destinadas à coleta de recursos do público, praticadas por pessoas físicas ou jurídicas abrangidas neste artigo, salvo para subscrição pública de ações, nos termos da lei das sociedades por ações. (Brasil, 1964)

O Banco do Brasil S.A., primeiro banco nacional, dispõe de condições de atuação diferenciadas em comparação com as instituições financeiras em geral, conforme estabelecido no art. 19 da Lei n. 4.595/1964. Pela referida lei, a atuação dessa instituição é estratégica e voltada para a execução da política creditícia e financeira do governo federal. Nesse sentido, o Banco do Brasil S.A. apresenta as seguintes atribuições e responsabilidades:

- tem exclusividade no recebimento de depósitos das entidades federais;
- faz a arrecadação de depósitos compulsórios do Bacen;
- executa os serviços de compensação de cheques e outros papéis;
- promove operações de compra e venda de moeda estrangeira por conta própria e do Bacen;
- realiza os recebimentos e pagamentos de outros serviços de interesse do Bacen;
- executa a política de comércio exterior;
- financia as atividades industriais e rurais;
- difunde e orienta o crédito, inclusive às atividades comerciais, suplementando a ação da rede bancária.

Ademais, a lei supracitada e suas alterações posteriores consolidadas apresentam um detalhamento específico para as instituições financeiras públicas, como a Caixa Econômica Federal (CEF), nos arts. 22, 23 e 24. Por sua vez, quanto às instituições financeiras privadas, a Lei n. 4.595/1964 traz apontamentos complementares entre os arts. 25 e 39.

1.3 Banco Central do Brasil

Conforme detalhado anteriormente, o Bacen é uma instituição com atribuições específicas definidas por meio da Lei n. 4.595/1964 e de alterações posteriores. Consideramos relevante destacar alguns aspectos sobre a condição de atuação dessa entidade no mercado financeiro:

- "O Comitê de Política Monetária (Copom) é o órgão do Banco Central, formado pelo seu Presidente e diretores, que define, a cada 45 dias, a taxa básica de juros da economia – a Selic" (BCB, 2024d).
- "O Comitê de Estabilidade Financeira é o órgão colegiado do Banco Central (BC) que estabelece diretrizes para a manutenção da estabilidade financeira e a prevenção da materialização do risco sistêmico – ou seja, o risco de ocorrência de interrupção de serviços financeiros [...]" (BCB, 2024c).
- "Pix é o pagamento instantâneo [...] criado pelo Banco Central (BC) em que os recursos são transferidos entre contas em poucos segundos, a qualquer hora ou dia. [...] pode ser realizado a partir de uma conta corrente, conta poupança ou conta de pagamento pré-paga" (BCB, 2024f).

Na página oficial do Bacen, encontramos uma enorme quantidade de dados estatísticos pesquisados e divulgados sobre o mercado financeiro, como taxas médias de juros praticadas por diversas instituições financeiras para as mais variadas modalidades de operações de crédito, informações gerais sobre os componentes e o funcionamento do mercado financeiro, entre outros. Além disso, o *site* do Bacen é uma ótima fonte para a pesquisa de legislações e normas do mercado financeiro, bem como de diversos outros dados técnicos relevantes, inclusive para perícias financeiras.

Importante!

Não é objetivo deste livro esgotar o estudo da dimensão de informações relacionadas ao Bacen, tendo em vista que há uma enorme quantidade de dados e documentos de grande relevância sobre essa instituição estratégica no SFN.

Muitas vezes, a página do Bacen é utilizada por peritos que necessitam obter dados e documentos específicos em matéria financeira, para executar seus trabalhos técnicos para a Justiça.

Em razão disso, e considerando objetivamente a relevância do acervo de informações que podem ser consultadas no *site* em questão, apresentaremos, no Capítulo 5 deste livro, o desenvolvimento de algumas pesquisas técnicas periciais direcionadas, com base em dados coletados na opção "Estatísticas" do portal do Bacen, a partir do qual é possível acessar os seguintes campos (Figura 1.1): "Taxas de Juros"; "Notas econômico-financeiras"; "Séries temporais (SGS)"; "Tabelas especiais"; "Indicadores Econômicos Selecionados"; "Poupança"; e "Mais estatísticas".

Figura 1.1 – Reprodução da página inicial do *site* do Bacen, com indicação de pesquisa na seção "Estatísticas"

Fonte: BCB, 2024a.

Ainda quanto ao rico acervo de documentos que constam na página do Bacen, apresentamos, nos Anexos I e II desta obra, respectivamente, dois exemplos de elementos normativos: a Resolução CMN n. 1.064, de 5 de dezembro de 1985, do Bacen, que descreve a condição de livre pactuação de taxas de juros em operações de crédito regulares de bancos comerciais (BCB, 1985); e a Resolução CMN n. 4.882, de 23 de dezembro de 2020, que trata da cobrança de encargos em decorrência de atraso no pagamento de obrigações relativas a operações de crédito (BCB, 2020).

1.4 Instituições financeiras bancárias

A respeito das instituições financeiras bancárias, Mello (2016b, p. 62-63) leciona o seguinte:

> As instituições financeiras bancárias são representadas por: bancos comerciais; bancos múltiplos; e caixas econômicas [...]. As instituições financeiras realizam operações de crédito, no curto prazo ou longo prazo, concedendo crédito através de: operação de crédito pessoal, desconto de títulos, abertura de crédito em conta corrente (cheque especial), empréstimo, financiamento [...].

Nesta obra, nosso objeto de estudo técnico são as perícias financeiras realizadas na Justiça brasileira envolvendo operações de crédito praticadas por instituições financeiras bancárias. Por essa razão, acreditamos ser necessário observar a condição de atuação dessas organizações.

Os bancos, ou instituições financeiras bancárias, são representados por pessoas jurídicas que atuam no mercado financeiro e praticam operações de crédito. Ou seja, por intermédio da formação de **contratos de crédito**, eles concedem recursos financeiros captados para agentes (pessoas físicas ou jurídicas), que utilizam esses valores monetários para a satisfação de suas necessidades.

De acordo com os dados divulgados pelo Conselho Nacional de Justiça (CNJ), no Relatório Justiça em Números 2024, as instituições financeiras bancárias figuram em destaque na lista dos maiores litigantes da justiça brasileira (CNJ, 2024). No Painel Grandes Litigantes, aparecem em sete posições entre os 20 maiores litigantes em polo passivo e em três posições entre os 20 maiores litigantes em polo ativo, como pode ser constatado nas Figuras 1.2 e 1.3, a seguir.

Figura 1.2 – Painel Grandes Litigantes – Aba "Maiores Litigantes"

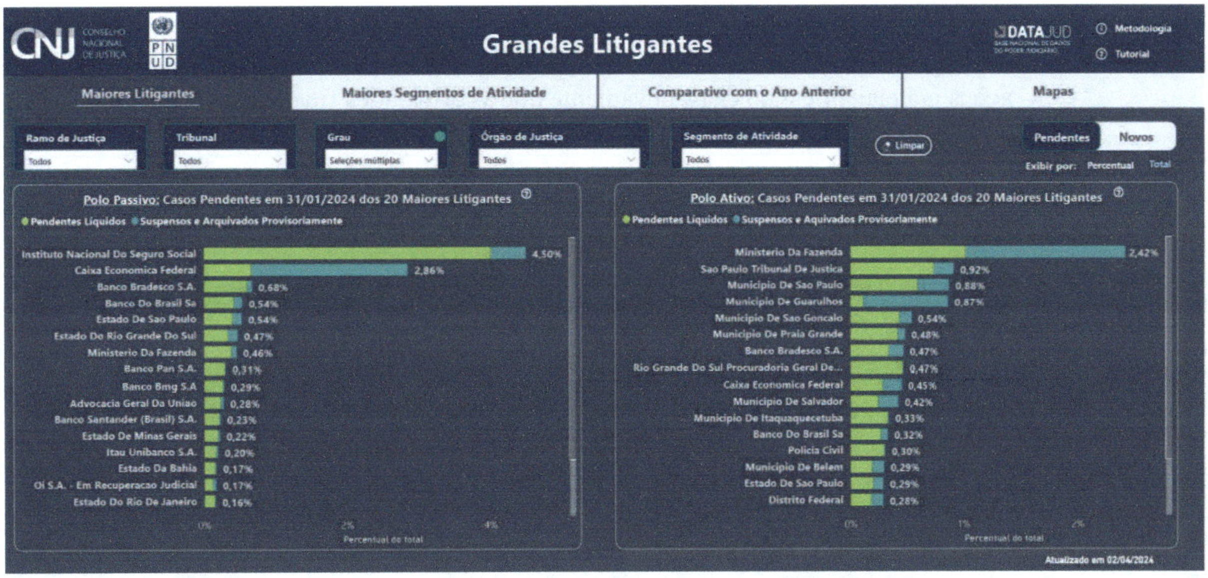

Fonte: CNJ, 2024, p. 410.

Figura 1.3 – Painel Grandes Litigantes – Aba "Maiores Litigantes" com dados absolutos

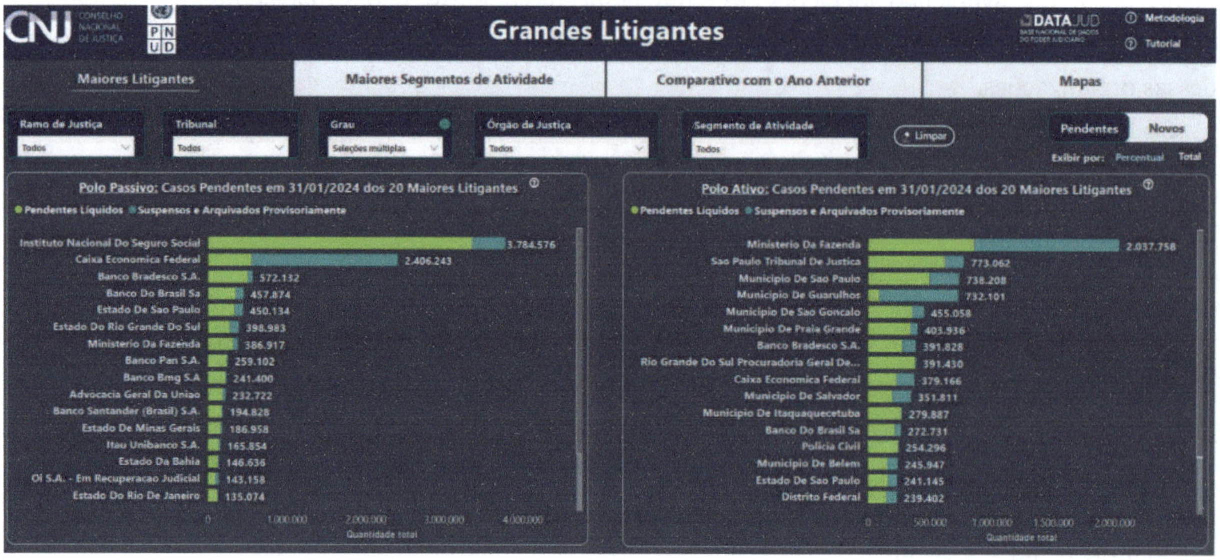

Fonte: CNJ, 2024, p. 412.

Adicionalmente, na Figura 1.4, apresentamos os relatórios específicos do CNJ na mesma publicação (CNJ, 2024) sobre os segmentos de atividades mais demandados em ações judiciais, ficando claro novamente que as atividades financeiras estão em elevada posição na lista detalhada.

Figura 1.4 – Painel Grandes Litigantes – Aba "Maiores Segmentos de Atividades"

Fonte: CNJ, 2024, p. 410.

Dessa forma, com base nas atividades praticadas pelas instituições financeiras bancárias, podemos constatar a enorme participação dessas organizações em litígios na Justiça brasileira. Esse cenário, consequentemente, gera inúmeras discussões técnicas acerca de operações financeiras de crédito nesse tipo de ação judicial. Por essa razão, muitos trabalhos periciais financeiros podem ser demandados com vistas à obtenção de esclarecimentos técnicos auxiliares aos juízes condutores de tais processos judiciais.

Para saber mais

CNJ – Conselho Nacional de Justiça. **Justiça em Números 2024**. Brasília, 2024. Disponível em: <https://www.cnj.jus.br/wp-content/uploads/2024/05/justica-em-numeros-2024.pdf>. Acesso em: 20 out. 2024.

Recomendamos fortemente a leitura do Relatório Justiça em Números, publicado periodicamente pelo CNJ, o qual apresenta um rico acervo de informações sobre a Justiça brasileira. Neste capítulo, destacamos somente alguns aspectos bastante específicos e que confirmam a importante participação das instituições financeiras na listagem dos maiores litigantes em ações judiciais. Além disso, evidenciamos que o setor financeiro conta com um enorme volume de ações em tramitação na Justiça e demonstramos a relevância da perícia financeira como instrumento técnico auxiliar nas demandas judiciais.

Síntese

Neste capítulo, vimos que o Sistema Financeiro Nacional (SFN) viabiliza a realização de transações financeiras de forma controlada, organizada e fiscalizada. Também destacamos que o Banco Central do Brasil (Bacen) ocupa uma função estratégica no SFN, pois se trata da instituição que fiscaliza o mercado financeiro. Ainda, explicamos que as instituições financeiras executam operações de crédito e de investimento, fazendo com que os recursos financeiros disponíveis possam circular conforme as condições e necessidades de pessoas físicas e jurídicas no país. Além disso, mostramos que as instituições financeiras estão entre as maiores demandantes de processos judiciais no país, haja vista a grande quantidade de ações relacionadas a operações bancárias de crédito.

No próximo capítulo, abordaremos o detalhamento técnico complementar sobre as modalidades de crédito mais conhecidas no mercado financeiro e que, normalmente, são debatidas em processos judiciais associados à realização de perícias financeiras.

Questões para revisão

1) Qual é a função do Comitê de Política Monetária, órgão do Banco Central do Brasil?

    a. Definir a taxa básica de juros da economia – a Selic.
    b. Definir a política monetária, fiscal e de rendas do país.
    c. Definir a política fiscal do país.
    d. Definir a taxa média de juros de mercado.
    e. Definir a Taxa Referencial (TR) e a Taxa Referencial Diária (TRD).

2) O Sistema Financeiro Nacional é formado por quais instituições?

    a. Banco Central do Brasil e instituições financeiras bancárias.
    b. Instituições financeiras públicas e privadas.
    c. Conselho Monetário Nacional, Banco Central do Brasil, Banco do Brasil S.A., Banco Nacional do Desenvolvimento Econômico e Social e demais instituições financeiras públicas e privadas.
    d. Conselho Monetário Nacional e Comitê de Política Monetária.
    e. Conselho Monetário Nacional e Banco Central do Brasil.

3) Assinale a alternativa que apresenta uma atribuição do Conselho Monetário Nacional:

    a. Fiscalizar as instituições financeiras.
    b. Fiscalizar a atuação do Banco Central do Brasil.
    c. Realizar as intermediações financeiras entre o Banco Central do Brasil e as instituições financeiras.
    d. Formular a política da moeda e do crédito.
    e. Instituir a política monetária e fiscal no Sistema Financeiro Nacional.

4) Explique em que consiste uma instituição financeira.

5) Descreva o que é o PIX.

Questões para reflexão

1) Como seria o mercado financeiro sem a organização definida pela Lei n. 4.595/1964, que criou o Sistema Financeiro Nacional?

2) Seria possível realizar operações de crédito e investimento em escala nacional sem a existência de instituições financeiras e a organização do Sistema Financeiro Nacional?

Conteúdos do capítulo
- Operações de crédito com recursos livres.
- Operações de crédito com recursos direcionados.

Após o estudo deste capítulo, você será capaz de:
1. reconhecer a existência da classificação de operações de crédito pelo sistema de pesquisa do Banco Central do Brasil (Bacen);
2. entender quais são as operações de crédito existentes no mercado financeiro;
3. distinguir as diferentes operações de crédito.

2
Operações de crédito no mercado financeiro

2.1 Operações de crédito e o sistema de classificação para pesquisa do Banco Central do Brasil

O mercado financeiro brasileiro conta com diversas modalidades de operações de crédito, entre as quais podemos citar o financiamento imobiliário, que tem o objetivo de viabilizar a aquisição de bem imóvel por pessoas físicas e com a utilização de recursos do Sistema Financeiro de Habitação (SFH); o desconto de títulos, usado para a antecipação de recebimentos futuros por empresas; e o cheque especial, que representa a abertura de limite de crédito em conta corrente, com cobrança de juros sobre os valores utilizados.

Existe uma grande variedade de operações creditícias oferecidas pelas instituições financeiras, e cada uma se diferencia das demais por aspectos técnicos, como forma de crédito concedido (com recursos livres ou direcionados), valores e períodos da operação, riscos e garantias, entre outros. Assim, por exemplo, uma linha de crédito com garantia e prazo curto de liquidação normalmente terá a cobrança de encargos financeiros (juros) em patamares inferiores aos de uma operação de crédito com prazo mais longo e sem garantias reais.

A respeito do exposto, Mello (2016b, p. 65) destaca o seguinte:

> As perícias financeiras realizadas na justiça têm como principal objeto a análise dessas operações creditícias. Então, o perito precisará realizar um estudo técnico sobre as condições da operação financeira em discussão no processo judicial, muitas vezes para esclarecer dúvidas sobre as condições contratuais estabelecidas e suas aplicações práticas do ponto de vista técnico.

Dessa forma, é essencial que o perito atuante em perícias financeiras conheça detalhes específicos sobre o tipo de operação de crédito que é objeto de estudo no processo judicial para o qual foi designado para desenvolver trabalho pericial.

Neste capítulo, utilizaremos a classificação e a descrição adotadas pelo Banco Central do Brasil (Bacen) em seu glossário "Estatísticas monetárias e de crédito" (BCB, 2024e), para melhor esclarecer as principais modalidades de crédito existentes no mercado financeiro, as quais, normalmente, são as mesmas operações financeiras creditícias objeto de ações judiciais em que são determinadas as realizações de perícias financeiras.

É importante destacar que a utilização da classificação e do detalhamento apresentados pelo Bacen, relativos aos diversos formatos de operações de crédito, facilita a compreensão de seus aspectos técnicos próprios e, ainda, viabiliza a realização de pesquisas específicas na própria página da instituição para a obtenção de taxas médias de juros de cada tipo de operação de crédito, como destacamos no capítulo anterior.

2.2 Operações de crédito com recursos livres

Inicialmente, apresentamos as principais operações de crédito com recursos livres, de acordo com o sistema de classificação para pesquisas do Bacen, isto é, correspondentes aos empréstimos e financiamentos realizados com taxas de juros livremente pactuadas entre instituições financeiras e mutuários:

Adiantamentos sobre contratos de câmbio (ACC): Operações de antecipação parcial ou total de receitas vinculadas a contratos de exportação, destinadas ao financiamento da produção das respectivas mercadorias a serem exportadas. Inclui as operações de adiantamentos de cambiais entregues (ACE).

Antecipação de faturas de cartão de crédito: Operações de crédito para adiantamento de recursos às pessoas jurídicas com base em fluxo de caixa futuro vinculado a direitos creditórios sob a forma de faturas de cartão de crédito.

Arrendamento mercantil de veículos: Operações de arrendamento mercantil (*leasing*) financeiro, em que o arrendador concede ao arrendatário a utilização de veículo automotor, objeto do contrato de arrendamento, com opção de compra ao final do contrato.

Arrendamento mercantil de outros bens: Operações de arrendamento mercantil (*leasing*) financeiro, em que o arrendador concede ao arrendatário a utilização do bem, exceto veículo automotor, objeto do contrato de arrendamento, com opção de compra ao final do contrato.

Aquisição de veículos (PF): Empréstimos às pessoas físicas destinados a financiar a compra de veículos automotores, que tenham o bem financiado alienado fiduciariamente como garantia da operação.

Aquisição de veículos (PJ): Empréstimos destinados a financiar a compra de veículos automotores para manutenção ou aumento da capacidade produtiva das empresas contratantes, configurando-se como investimento. O contrato deve conter cláusula de alienação fiduciária, com o bem financiado constituindo a garantia da operação.

Aquisição de outros bens (PF): Financiamentos a pessoas físicas vinculadas à aquisição de bens e serviços, exceto veículos automotores.

Aquisição de outros bens (PJ): Financiamentos de máquinas e equipamentos, exceto veículos automotores, ou outros bens a serem empregados em atividades produtivas das pessoas jurídicas tomadoras do crédito, configurando-se como investimento.

Capital de giro com prazo até 365 dias: Operações de crédito destinadas ao financiamento de curto prazo das empresas, vinculado a contrato específico que estabeleça prazos, taxas e garantias, com prazo igual ou inferior a 365 dias.

Capital de giro com prazo superior a 365 dias: Operações de crédito de médio e longo prazo destinadas ao financiamento das atividades operacionais das empresas, vinculado a contrato específico que estabeleça prazos, taxas e garantias, com prazo superior a 365 dias.

Capital de giro com teto rotativo: Linhas de crédito rotativo destinadas ao financiamento de capital de giro das empresas.

Cartão de crédito – compras à vista: Corresponde às compras realizadas com cartão de crédito, à vista ou parceladas sem incidência de juros, pelos lojistas.

Cartão de crédito – parcelado: Compreende o parcelamento das compras realizadas com cartão de crédito ou dos valores referentes à fatura do cartão, mediante a cobrança de juros. Inclui as operações de saques em dinheiro com pagamentos parcelados com o uso do cartão na função crédito.

Cartão de crédito – rotativo: Operações de financiamento do saldo devedor remanescente após o pagamento parcial de faturas de cartões de crédito. Compreende saques em dinheiro com o uso do cartão na função crédito.

Cheque especial (PF): Operações de crédito vinculadas a contas correntes mediante a utilização de limite de crédito preestabelecido sem necessidade de comunicação prévia à instituição financeira. Inclui as operações de adiantamento a depositantes e de conta garantida destinada ao segmento de pessoas físicas.

Cheque especial (PJ): Operações de crédito vinculadas à conta corrente de pessoas jurídicas, associadas à utilização de limite de crédito preestabelecido. Caracterizam-se pela amortização automática do saldo devedor, quando ocorrem depósitos na conta corrente. Inclui as operações de adiantamento a lojistas.

Compror: Operações de crédito destinadas ao financiamento das compras (produtos e serviços) realizadas por pessoas jurídicas. Caracterizam-se pelos pagamentos à vista das compras pela instituição financeira diretamente aos fornecedores. Estão inclusas nessa modalidade as operações de *Floor Plan*.

Conta garantida: Operações de crédito vinculadas à conta corrente de pessoas jurídicas, associadas à utilização de limite de crédito preestabelecido. Caracterizam-se pela amortização automática do saldo devedor, quando ocorrem depósitos na conta corrente. Diferenciam-se do cheque especial em função da solicitação de eventuais garantias.

Crédito pessoal: Empréstimos a pessoas físicas, sem vinculação à aquisição de bens ou serviços, mediante a disponibilização de recursos ao tomador para livre utilização.

Crédito pessoal consignado: Operações de crédito pessoal com desconto em folha de pagamento.

- **Crédito pessoal consignado para servidores públicos**: Operações de crédito pessoal consignado a servidores públicos federais, estaduais ou municipais, ativos ou inativos.
- **Crédito pessoal consignado para trabalhadores do setor privado**: Operações de crédito pessoal consignado destinadas a trabalhadores do setor privado.

- **Crédito pessoal consignado para beneficiários do INSS**: Operações de crédito pessoal consignado destinadas a aposentados e pensionistas do Instituto Nacional de Seguro Social (INSS).

Crédito pessoal não consignado: Operações de crédito pessoal sem desconto em folha de pagamento.

Crédito pessoal não consignado vinculado a renegociação de dívidas: Corresponde a operações de crédito às pessoas físicas associadas à composição de dívidas vencidas de modalidades distintas.

Desconto de cheques: Adiantamento de recursos às pessoas jurídicas vinculados a cheques recebidos pelo tomador e entregues em custódia à instituição financeira.

Desconto de duplicatas: Adiantamento de recursos às pessoas jurídicas vinculado à receita futura de duplicatas mercantis e outros recebíveis. (exceto cheques e faturas de cartão de crédito).

Financiamento a exportações: Financiamentos para viabilizar a produção de bens e serviços para exportação, não enquadrados nas modalidades ACC e ACE.

Financiamento a importações: Financiamentos destinados à compra de bens ou serviços no exterior, vinculados a linhas de crédito externas.

Repasse externo: Financiamentos destinados a pessoas jurídicas localizadas no país, vinculados a linhas de crédito externas.

Vendor: Financiamento de vendas baseado no princípio da cessão de crédito, permitindo à empresa tomadora do crédito (fornecedor/vendedor) vender seus produtos a prazo e receber o pagamento à vista da instituição financeira. A empresa compradora assume o compromisso de efetuar o pagamento a prazo, destinado a liquidar a operação junto à instituição financeira. Em geral, a instituição financeira ficará com os direitos creditórios da empresa vendedora, à qual caberá o risco da operação. (BCB, 2024e, p. 2-5, grifo do original)

2.3 Operações de crédito com recursos direcionados

Quanto aos créditos concedidos de operações financeiras regulamentadas pelo Conselho Monetário Nacional (CMN) ou, ainda, com vínculo a recursos orçamentários de destinação específica (produção, investimento de médio e longo prazos aos setores imobiliário, rural e de infraestrutura), existe a captação de recursos da caderneta de poupança e de fundos especiais e programas públicos, conforme a classificação e a definição do Bacen:

Capital de giro com recursos do BNDES: Compreende empréstimos de capital de giro e financiamentos a exportações, com recursos do BNDES, inclusive os realizados por meio do Cartão BNDES.

Crédito rural a taxas de mercado: Corresponde a financiamentos rurais com recursos direcionados dos depósitos à vista e das poupanças rurais, contratados com taxas de juros livremente pactuadas entre a instituição financeira e o tomador de crédito.

Crédito rural a taxas reguladas: Financiamentos à produção rural com recursos direcionados dos depósitos à vista e das poupanças rurais. Compreende operações com recursos oriundos dos fundos constitucionais do Norte, Nordeste e Centro-Oeste.

Financiamento imobiliário a taxas de mercado: Compreendem as operações de financiamento imobiliário relacionadas com a exigibilidade de direcionamento a que se refere o art. 1º, inciso I, alínea "b" do regulamento anexo à Resolução nº 3.932, de 2010, assim como as operações relacionadas com outras fontes de recursos captados em mercado.

Financiamento imobiliário a taxas reguladas: Compreendem as operações de financiamento imobiliário relacionadas com a exigibilidade de direcionamento a que se refere o art. 1º, inciso I, alínea "a" do regulamento anexo à Resolução nº 3.932, de 2010, assim como as relacionadas com recursos de origem orçamentária ou de fundos e/ou programas governamentais.

Financiamento agroindustrial com recursos do BNDES: Financiamentos agroindustriais destinados a capital de giro ou investimento com recursos do BNDES, inclusive quando realizados por meio do Cartão BNDES.

Financiamento de investimentos com recursos do BNDES: Financiamentos de investimentos vinculados a recursos do BNDES.

Microcrédito – consumo: Operações de microcrédito destinadas ao consumo contratadas com recursos lastreados em depósitos à vista, nos termos definidos pela Resolução nº 4.000, de 25 de agosto de 2011.

Microcrédito – microempreendedor: Refere-se às operações de microcrédito destinadas a microempreendedores contratadas com recursos lastreados em depósitos à vista, nos termos definidos pela Resolução nº 4.000, de 2011. As operações de microcrédito para pessoas jurídicas, nos termos do inciso II, do art. 2º dessa Resolução estão incluídas nessa modalidade.

Microcrédito – consignado: Refere-se às operações de microcrédito com retenção de parte do salário do contratante para o pagamento das parcelas do empréstimo (desconto em folha de pagamento) contratadas com recursos referenciados em depósitos à vista, nos termos definidos pela Resolução nº 4.000, de 2011. (BCB, 2024e, p. 6, grifo do original)

Ademais, é importante destacar que existem muitos outros detalhes sobre cada uma das operações de crédito citadas, importando, em casos específicos de perícias financeiras, a ampliação e um maior detalhamento técnico de estudos acerca de cada tipo de contrato analisado.

Para saber mais

FORTUNA, E. **Mercado financeiro**: produtos e serviços. Rio de Janeiro: Qualitymark, 2020.

ASSAF NETO, A. **Mercado financeiro**. São Paulo: Atlas, 2023.

Em *Mercado financeiro: produtos e serviços*, Eduardo Fortuna contempla detalhes ampliados dos produtos de empréstimo (operações de crédito). Da mesma forma, em *Mercado financeiro*, Alexandre Assaf Neto apresenta diversas informações relevantes sobre o mercado de crédito e especificações a respeito de operações creditícias. Por isso, recomendamos a leitura complementar dessas obras, dedicadas exclusivamente ao mercado financeiro e a operações de crédito, a fim de obter mais dados e informações que poderão ser utilizados no desenvolvimento de perícias financeiras sobre operações creditícias, além da leitura dos próprios instrumentos contratuais de crédito que são objeto de cada perícia financeira determinada.

Síntese

Neste capítulo, vimos que, no mercado financeiro, há uma grande variedade de operações de crédito, as quais se diferenciam umas das outras em aspectos técnicos, tais como a existência ou não de garantias, prazos, formas de captação do crédito concedido, formas e sistemas de pagamento, condição para a concessão do crédito, entre outros. Também destacamos que o Banco Central do Brasil disponibiliza um glossário técnico específico com a classificação e o detalhamento das operações de crédito existentes, para as quais existem bases de pesquisas feitas pela própria instituição, para posterior divulgação de dados estatísticos dessas modalidades creditícias.

Questões para revisão

1) O que é uma operação de arrendamento mercantil de veículos?

    a. Operação de arrendamento mercantil (*leasing*) financeiro, em que o arrendador concede ao arrendatário a utilização de veículo automotor, objeto do contrato de arrendamento, com opção de compra ao final do contrato.
    b. Operação de financiamento de veículo automotor, em que o comprador obtém recursos financeiros com uma instituição financeira.
    c. Operação de empréstimo para a aquisição de veículo automotor, em que o comprador obtém recursos financeiros com uma instituição financeira.
    d. Operação de arrendamento mercantil (*leasing*) em que o arrendador realiza operação de empréstimo de recursos financeiros para que o arrendatário possa adquirir por conta própria veículo automotor em seu nome.
    e. Operação de aluguel de veículo automotor, com a possibilidade de aquisição do bem após o prazo de metade da operação contratada.

2) Qual é a diferença entre as opções de utilização do cartão de crédito para compra à vista e pelo rotativo?

    a. Compra à vista: aquisição de produtos e serviços somente à vista; rotativo: aquisição de produtos e serviços a prazo, sem incidência de juros.
    b. Compra à vista: compra realizada com cartão de crédito, à vista, com débito automático em conta corrente no ato da operação; rotativo: operação de empréstimo para pagamento em parcelas com juros.
    c. Compra à vista: aquisição de produtos e serviços para pagamento em fatura de cartão de crédito, sem juros; rotativo: operação de financiamento de saldo devedor para pagamento em parcelas sem juros.

- d. Compra à vista: compra com cartão de débito, correspondente à compra realizada com cartão de crédito, à vista ou parcelada, sem incidência de juros pelos lojistas; rotativo: operação de financiamento da fatura em, no máximo, mais uma fatura de vencimento do cartão.
- e. Compra à vista: compra realizada com cartão de crédito, à vista ou parcelada, sem incidência de juros pelos lojistas; rotativo: operação de financiamento do saldo devedor remanescente após o pagamento parcial de fatura de cartões de crédito.

3) A operação de cheque especial é

- a. uma operação de empréstimo, com liberação de recurso em valor predefinido, para pagamento em parcelas contratadas.
- b. uma operação de crédito vinculada a uma conta corrente, mediante a utilização de limite de crédito preestabelecido sem necessidade de comunicação prévia à instituição financeira. Inclui as operações de adiantamento a depositantes e de conta garantida.
- c. uma operação de financiamento para a aquisição de bem definido, com liberação de recurso em valor predefinido, para pagamento em parcelas contratadas.
- d. uma operação de liberação de recursos variáveis em conta corrente, com a liquidação em fluxo de pagamento sem juros.
- e. uma operação de crédito, sem vinculação ou destinação definida, com pagamento de juros ao final do contrato.

4) Explique em que consiste uma operação de desconto de cheques.

5) Qual é a diferença entre operações de crédito com recursos livres e recursos direcionados?

Questões para reflexão

1) Por que as operações de crédito não são oferecidas por uma taxa de juros única?

2) Por que existem tantas operações de crédito diferentes no mercado financeiro?

Conteúdos do capítulo

- Perícia financeira em ações judiciais envolvendo operações de crédito.
- Determinação para a realização de perícia judicial e as condições operacionais para o desenvolvimento do trabalho pericial.

Após o estudo deste capítulo, você será capaz de:

1. entender que a perícia financeira em operações de crédito ocorre na Justiça para o esclarecimento de dúvidas técnicas na fase de conhecimento ou para o desenvolvimento de cálculos em liquidação de sentença;
2. compreender como os peritos são nomeados e como os assistentes técnicos são indicados no processo judicial;
3. reconhecer as condições operacionais para a realização do trabalho pericial.

3
A perícia financeira em processos envolvendo operações de crédito

3.1 Operações de crédito na Justiça e a perícia financeira

No Brasil, são inúmeras as ações judiciais que têm como litigantes instituições financeiras, nos polos ativo e passivo, conforme dados divulgados pelo Conselho Nacional de Justiça (CNJ) e destacados no Capítulo 1, envolvendo especialmente operações financeiras, com destaque para as operações de crédito.

Nesse tipo de processo judicial, estão representados dois tipos de litigantes: a instituição financeira responsável pelo oferecimento da operação de crédito (banco, financeira, cooperativa de crédito, administradora de cartão de crédito, entre outras) e o cliente da instituição que obteve o crédito (pessoa física ou pessoa jurídica). As ações judiciais que têm como objeto operações financeiras, principalmente de crédito, podem ser: **revisional**, quando proposta pelo cliente em face da instituição financeira, buscando encontrar resultado positivo em decisão judicial para alterar condições estabelecidas em contrato realizado; **execução ou cobrança**, quando proposta pela instituição financeira em face de seu cliente, buscando decisão judicial favorável ao recebimento de valor devido e não pago de contrato celebrado, entre outras modalidades.

Ainda sobre as condições recém-descritas, acompanhe as considerações de Mello (2016b, p. 70):

> Normalmente, as ações iniciadas pelas instituições financeiras servem para a realização de cobranças de valores devidos, e não pagos, de contratos de crédito celebrados com seus clientes. Assim, esses procedimentos buscam o recebimento de valores estabelecidos nos contratos e que por algum motivo não tenham sido honrados em seus vencimentos.
>
> Já nas situações em que os tomadores de crédito movem ações contra as instituições financeiras, provavelmente estarão identificadas alegações contrárias às condições firmadas nos instrumentos contratuais, levantando argumentos sobre existência de ilegalidades ou excessos praticados nessas operações, como: cobranças indevidas, práticas de juros abusivos, metodologias de cálculo incorretas, dentre outros aspectos.

3.2 Perícia financeira em operações de crédito: esclarecimento de dúvidas técnicas na fase de conhecimento e desenvolvimento de cálculos em liquidação de sentença

Nos processos judiciais que abrangem operações financeiras de crédito, pode ser determinada a realização de perícia financeira em duas circunstâncias distintas:

I. ao ser caracterizada a necessidade de aplicação de conhecimento técnico ou científico para o esclarecimento de dúvidas sobre as condições contratadas e efetivamente aplicadas de operação financeira, a fim de contribuir para a formação da certeza jurídica e, dessa forma, ajudar o juiz a melhor compreender os aspectos técnicos discutidos nos autos do processo judicial;

II. se for necessário executar cálculos periciais financeiros para a liquidação de sentença, ou seja, após prolatada decisão judicial que defina critérios de cálculo para a apuração de valores devidos de uma parte para a outra, deve ser realizado trabalho pericial mediante o desenvolvimento de cálculos que alcancem o resultado efetivamente devido.

Na primeira situação, isto é, para os casos em que, na Justiça, for considerada como relevante a preparação de estudo pericial que auxilie na formação de certeza jurídica quanto aos aspectos controversos do processo judicial ainda não sentenciado, o juiz, normalmente, nomeará um perito tecnicamente capacitado para a realização do trabalho especializado e consequente entrega de laudo pericial que apresente as conclusões sobre o objeto de estudo determinado e que efetivamente esclareça a(s) dúvida(s) norteadora(s) do(s) objetivo(s) dos exames periciais definidos para tanto.

Já na segunda circunstância, para os processos judiciais que envolvem operações financeiras em que já foram proferidas decisões judiciais, mas que ainda carecem de cálculos periciais especiais para a apuração de valor devido na ação, ou seja, quando, na Justiça, foi(foram) definido(s) o(s) parâmetro(s) para a apuração de valor devido por uma parte para pagamento a outra parte litigante, então pode ser estabelecida a realização de perícia financeira com a finalidade específica de preparação de cálculos para liquidação de sentença e, consequentemente, apresentação de cálculos periciais que resultem no valor adequado da condenação.

Para concluir, observe o que Mello (2016b, p. 70) afirma a respeito do exposto:

> em muitos processos judiciais envolvendo operações de crédito pode ser necessária a realização de perícia técnica financeira, com o desenvolvimento de estudos para verificação de taxas de juros contratadas, cálculo de percentuais de juros efetivamente aplicados nas cobranças, identificação da forma de cálculo e incidência de juros e outros encargos, bem como

a conferência da aplicação de índices de atualização de valores, além de diversas outras análises técnicas imprescindíveis para a completa compreensão de situações em debate.

A perícia financeira pode ser entendida como a prova técnica necessária para a demonstração de aspectos financeiros, mediante cálculos, demonstrativos, gráficos ou planilhas, organizadamente apresentados e explicados no laudo pericial, levando informação técnica consistente e devidamente fundamentada ao judiciário, auxiliando no esclarecimento de questões dessa ordem técnica.

IMPORTANTE!

A expressão *perícia financeira*, que descreve o trabalho pericial envolvendo operações financeiras, juntamente com sua classificação e justificativa, vem sendo mais utilizada no mercado e já passou a ser considerada também em publicações e estudos da área. Além disso, se realizarmos uma pesquisa de jurisprudência, encontraremos diversas determinações judiciais para a realização de perícia financeira, o que indica que a referida denominação é conhecida e normalmente empregada para caracterizar trabalhos técnico-científicos feitos na Justiça envolvendo matéria financeira relacionada com demandas judiciais referentes a operações financeiras creditícias intermediadas por instituições financeiras.

3.3 Determinação para a realização de perícia judicial, nomeação de perito judicial e indicação de assistente técnico no Código de Processo Civil

Na Lei n. 13.105, de 16 de março de 2015 – Código de Processo Civil (CPC) –, que entrou em vigor em março de 2016, encontramos dois dispositivos que objetivamente indicam a presença do perito designado pelo juiz para a atuação em processo judicial que necessite da aplicação de conhecimentos técnicos e/ou científicos específicos para a demonstração da verdade, caracterizando-se a prova técnico-científica ou prova pericial, conforme destacado a seguir:

> Art. 156. O juiz será assistido por perito quando a prova do fato depender de conhecimento técnico ou científico. [...]

> Art. 465. O juiz nomeará perito especializado no objeto da perícia e fixará de imediato o prazo para a entrega do laudo. (Brasil, 2015)

No art. 156 do CPC constam informações objetivas sobre as condições de escolha do perito de confiança do juiz, indicando a importância de os tribunais de justiça manterem um cadastro de peritos e profissionais das mais diversas áreas de atuação e formação para a busca de profissionais, como se espera que ocorra em relação às perícias financeiras, em que normalmente são selecionados economistas, administradores e contadores com formação superior, além do devido registro no respectivo conselho de classe profissional – Conselho Regional de Economia (Corecon), Conselho Regional de Administração (CRA) e Conselho Regional de Contabilidade (CRC) – e, preferencialmente, com capacitação específica e experiência comprovada para a realização de trabalhos periciais nas demandas financeiras.

Portanto, para a nomeação do perito em um processo judicial, inicialmente é necessária a realização de cadastro no Tribunal de Justiça que precisa de prestação de serviços nessa função profissional, com a recomendada comprovação de especialização na matéria financeira para o desenvolvimento de perícias financeiras.

Observamos ainda que, além da situação tradicionalmente considerada de nomeação do perito feita pelo juiz condutor do processo judicial, o CPC traz a possibilidade de que o perito seja diretamente escolhido pelas partes em litígio, em comum acordo, na denominada *perícia consensual*, a qual, na realidade, caracteriza-se como indicação de perito em consenso entre as partes litigantes no processo judicial, conforme redação dada pelo art. 471 do referido diploma legal.

Também é importante destacar a possibilidade de participação de profissional indicado pela parte litigante no processo judicial, denominado *assistente técnico* no CPC, para acompanhar o trabalho a ser executado pelo perito judicial, de acordo com o que estabelece o art. 465, § 1º, dessa lei.

Já quanto à condição de indicação de assistente técnico, profissional de confiança da parte litigante no processo judicial e que poderá acompanhar o desenvolvimento do trabalho pericial, vejamos o que está definido no complemento do art. 465 do CPC:

> Art. 465. [...]
>
> § 1º **Incumbe às partes**, dentro de 15 (quinze) dias contados da intimação do despacho de nomeação do perito:
>
> I – arguir o impedimento ou a suspeição do perito, se for o caso;
>
> II – **indicar assistente técnico**;
>
> III – apresentar quesitos. (Brasil, 2015, grifo nosso)

Portanto, no desenvolvimento de uma perícia determinada em processo judicial, o perito pode ser escolhido tanto pelo juiz como diretamente pelas partes em comum acordo. Além disso, também existe a possibilidade (facultativa, não obrigatória) de um assistente técnico participar do processo.

3.4 Condições operacionais para o desenvolvimento do trabalho pericial e o Código de Processo Civil

Além da relevante observação inicial, quanto à escolha e participação do perito e do assistente técnico no processo judicial de determinada perícia, para que possamos esclarecer melhor quais são os procedimentos operacionais normalmente enfrentados pelos profissionais atuantes em perícia nos processos judiciais, apresentamos a seguir um roteiro detalhado com as diversas etapas de trabalho pericial na esfera judicial, contemplando especificamente as condições para o desenvolvimento de perícias financeiras em operações de crédito e contratos bancários:

a) Quando o profissional é nomeado perito em um processo judicial, com a definição complementar de prazo para a entrega do laudo pericial, normalmente o juiz, em um primeiro momento, determina a intimação das partes, para que elas possam se manifestar sobre as eventuais situações de impedimento ou suspeição do perito, bem como indicar assistentes técnicos e apresentar quesitos, nos termos do art. 465, § 1º, do CPC.

Importante!

Não é obrigatória a apresentação de quesitos e indicação de assistente técnico pela parte litigante. Todavia, sempre que a perícia for determinada, necessariamente haverá a nomeação de perito para a elaboração de laudo pericial.

b) Após a manifestação das partes, o perito nomeado deverá ser intimado para tomar ciência de sua escolha para a função em questão, mediante entrega de proposta de honorários periciais, acompanhada de currículo e contatos profissionais, conforme consta no art. 465, § 2º, do CPC. Nesse momento, é relevante que o profissional verifique as condições dos estudos e exames que deverá executar, a fim de assumir o encargo, ou, caso não reúna as condições técnicas necessárias para tal, deverá apresentar sua recusa justificada para o exercício da função pericial no processo, conforme apontado no inciso I do art. 468 do CPC.

> **Importante!**
>
> A proposta de honorários periciais deve contemplar a indicação detalhada das etapas de trabalho previstas para serem executadas pelo perito, bem como do tempo estimado para cada atividade e, ainda, do valor por hora técnica atribuída pelo profissional de acordo com a sua realidade laboral. Ademais, salientamos que, com relação aos honorários periciais, devem ser consideradas as condições constantes nos arts. 95 e 465 do CPC, em conjunto.

c) Eventualmente, se o perito nomeado identificar situações que impeçam sua regular atuação no processo judicial – as quais estão relacionadas nos arts. 144 e 145 do CPC e se referem ao juiz, embora também tenham aplicação extensiva aos auxiliares da Justiça, como é o caso dos peritos, de acordo com os arts. 148 e 149 do CPC –, deverá formalmente apresentar sua recusa ao trabalho pericial, devidamente justificada, como consta no art. 467 do CPC.

> **Importante!**
>
> O assistente técnico não segue as mesmas regras de impedimento e suspeição do perito, conforme condições definidas no art. 466, § 1º, do CPC.

d) Após a aceitação do encargo e a apresentação de proposta de honorários, o perito designado no processo deverá aguardar o recebimento da intimação para o início da perícia, normalmente com a confirmação do depósito de honorários periciais em conta judicial, garantindo a remuneração pelo trabalho a ser executado.

e) Quando o perito nomeado receber a intimação para dar início ao trabalho pericial, deverá realizar a carga dos autos do processo (se o processo judicial estiver em formato físico), ou retirar a senha de acesso ao sistema do tribunal, ou, ainda, estar com o cadastro vinculado especificamente ao processo judicial, para que possa ser feita a consulta digital do processo (se o processo judicial estiver em formato digital) por meio do portal do Tribunal de Justiça.

f) O perito pode solicitar a liberação de parte dos honorários periciais, arbitrados e depositados judicialmente, no início do trabalho pericial, conforme o art. 465, § 4º, do CPC.

g) No início do desenvolvimento do trabalho pericial, é necessário que o perito envie um comunicado aos representantes das partes e respectivos assistentes técnicos (se estes forem indicados para participação no acompanhamento do trabalho pericial) para informar a data e o local de início da perícia, além de destacar especialmente a possibilidade de assistentes técnicos acompanharem a realização da perícia, em conformidade com os arts. 466, § 2º, e 474 do CPC.

Importante!

O CPC não prevê a aplicação de penalidades quanto ao descumprimento das condições expostas nos arts. 466, § 2º, e 474. Todavia, existem decisões judiciais que consideram laudos imprestáveis nas situações em que as partes não tenham sido previamente comunicadas sobre o início formal do trabalho pericial ou em que os assistentes técnicos teriam sido impedidos de participar das diligências periciais.

h) Ao efetivamente começar o trabalho pericial, o perito deverá analisar o conteúdo completo do processo judicial, visando identificar o objeto da perícia determinada, bem como o(s) objetivo(s) de desenvolvimento da perícia, checar os documentos existentes e, ainda, verificar a necessidade ou não de dados, documentos ou informações complementares para a perícia.

i) Logo, durante a realização da perícia, e constatada a necessidade de obter novos documentos, o perito judicial deverá encaminhar formalmente um termo de diligência ao destinatário que possivelmente tenha a guarda da documentação complementar identificada como relevante para o desenvolvimento da perícia, com base no que consta no art. 473, § 3º, do CPC. Nesse termo, é fundamental que o profissional aponte detalhadamente os elementos técnicos a que precisa ter acesso, tais como extratos bancários e contratos celebrados para a realização de operações de crédito e que normalmente são pedidos em perícias financeiras.

j) O perito precisará aguardar a disponibilização de novos documentos (caso, ao longo da perícia, seja identificada essa necessidade) e administrar o prazo adequado para a realização da perícia. Ao receber a documentação complementar solicitada durante as diligências periciais, ele terá de analisar cuidadosamente seu conteúdo e verificar se ela está adequada aos estudos previstos da perícia. Ademais, quaisquer dificuldades enfrentadas pelo perito no decorrer desse procedimento de trabalho deverão ser comunicadas formalmente ao juiz, por meio de petição.

> **IMPORTANTE!**
>
> O juiz estabelece o prazo para a realização da perícia e a entrega do laudo pericial. Então, é importante que o perito empregue toda a diligência possível e os cuidados necessários no desenvolvimento de suas atividades profissionais durante a perícia, o que envolve também a adequada gestão do tempo. Adicionalmente, ressaltamos que o CPC define penalidades para o caso de descumprimento de prazos pelo perito, como consta em seu art. 468, inciso II, parágrafos 1º, 2º e 3º.

k) Se o perito necessitar de tempo adicional para executar o trabalho que lhe foi designado, ele deverá providenciar um pedido formal e justificado, por meio de petição nos autos do processo, contendo a solicitação de prazo complementar para a conclusão da perícia e a entrega do laudo pericial, conforme previsto no art. 476 do CPC.

l) Depois de o perito examinar os documentos existentes nos autos e outros eventuais dados e informações adicionais que possam ser obtidos mediante pesquisas técnicas e diligências periciais, ele deverá realizar outras atividades ao longo da perícia, com a elaboração de laudo pericial que contemple análises técnicas periciais, respostas de quesitos que tenham sido eventualmente formulados pelas partes e/ou pelo juiz, conclusões técnicas, elaboração de cálculos, demonstrativos, entre outras inerentes ao trabalho pericial, considerando especialmente os elementos técnicos constitutivos do laudo, relacionados nos incisos I, II, III e IV do art. 473 do CPC.

m) Depois da conclusão do trabalho pericial com a formalização do laudo pericial, é importante fazer a revisão final do documento, para posterior assinatura e envio.

n) Com a entrega do laudo pericial, o procedimento normal é realizar o pedido de liberação dos honorários periciais depositados judicialmente (ou do saldo remanescente desse valor, caso anteriormente tenha ocorrido liberação parcial).

o) Depois de juntar o laudo pericial aos autos do processo judicial, as partes e os assistentes técnicos poderão apresentar suas manifestações sobre o trabalho entregue pelo perito. O assistente técnico é o responsável pela confecção do parecer técnico, seja este convergente ou divergente em relação ao laudo do perito, e este pode ser convocado a prestar esclarecimentos a respeito de eventuais dúvidas.

p) A compreensão de cada etapa detalhada nesse roteiro viabilizará o desenvolvimento correto do trabalho pericial, evitando desgastes que poderiam ser enfrentados pelo perito em uma condução inadequada da perícia.

Para saber mais

MELLO, P. C. de. **A perícia no Novo Código de Processo Civil**. São Paulo: Trevisan, 2016.

Esse livro apresenta o levantamento de dispositivos legais relacionados à perícia e ao perito, contemplando ainda a comparação, relativa a esses temas, do Código de Processo Civil de 1973 e alterações posteriores com o Novo Código de Processo Civil, que entrou em vigor em 2016.

Síntese

Neste capítulo, vimos que é possível determinar a realização de perícia financeira em ações relacionadas a operações de crédito em duas situações: para o esclarecimento de dúvidas técnicas na fase de conhecimento e para o desenvolvimento de cálculos em liquidação de sentença. Ademais, destacamos que, no processo judicial em que existe a determinação para a realização de perícia, normalmente cabe ao juiz nomear o perito, e as partes podem indicar assistentes técnicos para acompanharem o trabalho pericial. Além disso, mostramos que as condições operacionais para o trabalho pericial na Justiça estão definidas no Código de Processo Civil (CPC), com destaque para prazos, responsabilidades, deveres e, ainda, a necessidade de desenvolvimento de análises técnicas e apresentação de laudo pericial pelo perito, bem como a possibilidade de elaboração de pareceres técnicos pelos assistentes técnicos indicados pelas partes.

Questões para revisão

1) Nos termos do art. 156 do Código de Processo Civil, o juiz será assistido por perito:

   a. a qualquer momento do processo judicial e pelo motivo que o juiz indicar em decisão para tanto.
   b. quando a prova do fato depender de conhecimento técnico ou científico.
   c. na inicial ou na contestação do processo judicial.
   d. somente após a liquidação de sentença.
   e. após a apresentação da peça de defesa.

2) Após a determinação para a realização de perícia e com a nomeação de perito pelo juiz, conforme condições definidas no art. 465, § 1º, do CPC, as partes litigantes podem:

a. indicar assistente técnico e apresentar quesitos.
   b. somente indicar assistente técnico.
   c. somente apresentar quesitos.
   d. estabelecer contato com o perito para contratá-lo e acertar os detalhes sobre seus honorários.
   e. estabelecer contato com o perito para que este auxilie na indicação do assistente técnico da parte.

3) O perito nomeado no processo judicial, tendo sido intimado para tomar ciência de sua nomeação, nos termos do art. 465, § 2º, do CPC, deverá:
   a. aguardar a posterior intimação para que possa dar início ao seu trabalho.
   b. comunicar formalmente o juiz se aceita ou não a nomeação como perito.
   c. apresentar proposta de honorários periciais, acompanhada de currículo e contatos profissionais.
   d. apresentar *curriculum* comprobatório de sua formação técnica e profissional, com certidões de cursos de especialização, além de certidões de cada um dos trabalhos periciais realizados e que indiquem participação em casos semelhantes.
   e. apresentar comprovação de formação superior.

4) Normalmente, quando se pode determinar a realização de perícia financeira?

5) O que pode ser feito pelo assistente técnico indicado pela parte litigante em um processo judicial, após a entrega do laudo pericial elaborado pelo perito judicial?

Questões para reflexão

1) Por que o assistente técnico indicado pela parte não precisa seguir as mesmas regras de impedimento e suspeição do perito judicial nomeado no processo judicial?

2) Por quais motivos pessoas e profissionais poderiam inviabilizar a participação de um perito judicial nomeado em um processo judicial?

Conteúdos do capítulo
- Pesquisas técnicas e diligências periciais.
- Pesquisas na página eletrônica do Banco Central do Brasil (Bacen): taxas de juros, Sistema Gerenciador de Séries Temporais (SGS) e Calculadora do Cidadão.

Após o estudo deste capítulo, você será capaz de:
1. compreender que, para iniciar seu trabalho, o perito judicial precisa saber qual é o objeto de estudo da perícia determinada na demanda judicial, bem como o objetivo para a realização de seus estudos e análises técnicas;
2. reconhecer a importância das pesquisas e diligências periciais;
3. compreender como fazer pesquisas técnicas por meio da página eletrônica do Bacen.

4

Condições técnicas para o desenvolvimento de perícia financeira em operações de crédito

4.1 Definição do objeto e do objetivo da prova pericial financeira

Em um processo judicial, o juiz pode determinar de ofício a realização de perícia, quando percebe a necessidade da aplicação de conhecimento técnico e/ou científico para o esclarecimento de dúvidas materializadas durante a leitura dos apontamentos pelas partes em suas peças processuais. O magistrado também pode deferir o(s) pedido(s) feito(s) pela(s) parte(s) para que seja feita a perícia; dessa forma, está acatando uma solicitação e a justificativa apresentada que lhe convença da importância da prova pericial na ação.

Assim, a determinação para a realização do trabalho pericial sempre estará baseada em um motivo justificado para tanto, situação que está apontada objetivamente no art. 156 do Código de Processo Civil (CPC), de acordo com o qual deverá ser feita perícia "quando a prova do fato depender de conhecimento técnico ou científico" (Brasil, 2015). Ou seja, a perícia integrará o processo judicial quando estiver caracterizada a necessidade da aplicação de conhecimentos especiais, técnicos ou científicos, para provar algo no processo, o que não poderia ser alcançado com argumentos ou outras provas, como documentos ou testemunhas.

Em muitos comandos judiciais proferidos por juízes, estão definidos o objeto de estudo da perícia e o objetivo a ser alcançado pelo perito em seus estudos técnicos periciais materializados no laudo pericial. Ainda, em alguns casos, são especificados os pontos controvertidos que devem ser analisados tecnicamente pela perícia. Além disso, o perito deve analisar criteriosamente as eventuais solicitações feitas pelas partes para a realização de perícia, bem como os argumentos constantes da inicial e da contestação do processo judicial, a fim de obter uma percepção completa de seu objeto de estudo (aquilo que será analisado) e de seu objetivo (aquilo que precisa ser esclarecido tecnicamente com base no objeto definido).

Normalmente, as perícias financeiras envolvendo operações de crédito têm como objeto de estudo o(s) contrato(s) celebrado(s) entre as partes litigantes (instituição financeira e cliente), com objetivos variados, como: verificação da taxa de juros contratada e da taxa efetivamente aplicada; análise de quais teriam sido as condições de cálculo definidas em contrato e de fato aplicadas na operação; pesquisa técnica da taxa de juros média de mercado para comparação com a taxa de juros contratada, entre outras modalidades especiais.

Desse modo, é imprescindível que o perito tenha consciência de quais são o objeto e o objetivo de seu trabalho, para que possa planejar e executar adequadamente todo o plano de atividades que precisará desenvolver até obter um resultado materializado em laudo pericial que esclareça efetivamente a dúvida que norteou a perícia.

4.2 Análise de dados e informações existentes nos autos e verificação técnica da necessidade de documentação complementar para a realização de perícia financeira

Tendo em vista o objeto e o objetivo do trabalho da perícia, cabe ao perito avaliar todas as condições dos exames que deverá executar, analisando dados, documentos e informações existentes nos autos.

Nesse contexto, ele poderá experimentar duas situações:

- se os elementos técnicos disponíveis forem suficientes para a execução de seu trabalho técnico, ele deverá realizar os exames e estudos para a confecção do laudo pericial;
- se verificar que é necessário obter informações complementares ou documentação adicional que não estão disponíveis nos autos do processo, ele deverá realizar as devidas pesquisas técnicas e/ou solicitar os dados complementares que possam estar em poder das partes litigantes no processo judicial.

A respeito do exposto, convém enfatizar que o CPC apregoa que o perito nomeado no processo judicial pode obter elementos técnicos adicionais durante a realização das diligências periciais, como segue destacado na reprodução do § 3º de seu art. 473:

> Art. 473. O laudo pericial deverá conter:
>
> [...]
>
> § 3º Para o desempenho de sua função, o perito e os assistentes técnicos podem valer-se de todos os meios necessários, ouvindo testemunhas, obtendo informações, **solicitando documentos que estejam em poder da parte, de terceiros ou em repartições públicas**, bem como instruir o laudo com planilhas, mapas, plantas, desenhos, fotografias ou outros elementos necessários ao esclarecimento do objeto da perícia. (Brasil, 2015, grifo nosso)

4.3 Pesquisas técnicas e diligências em perícia financeira

Depois de identificar a ausência de dados e informações e atestar a necessidade de obtê-los para que o trabalho pericial ocorra adequadamente, o perito deverá fazer as devidas pesquisas técnicas, normalmente por meio de buscas direcionadas pela internet ou em outras fontes disponíveis (livros, artigos, instituições e organizações, entre outras).

Já para as situações em que os elementos técnicos complementares representam documentos que somente devem estar em guarda com as partes, o perito deverá encaminhar pedido formal para o diligenciado (destinatário da solicitação de documentos) com o detalhamento minucioso da documentação imprescindível para a execução da perícia determinada.

Em perícias financeiras que envolvam especialmente operações de crédito, os documentos identificados como relevantes para o desenvolvimento do trabalho pericial normalmente são estes: contrato celebrado entre as partes da operação de crédito; extratos bancários, com a identificação dos lançamentos da operação; comprovantes de pagamento da operação; demonstrativo de cálculo da instituição financeira, contendo os critérios de cálculo aplicados para a operação de crédito, entre outros.

Para as diligências periciais, destacamos especialmente a utilização – com as devidas adaptações, se necessário – do Modelo n. 1 presente na Norma Brasileira de Contabilidade – NBC TP 01 (R1), do Conselho Federal de Contabilidade (CFC, 2020b), reproduzido no Anexo III desta obra.

Também observamos que na NBC PP 01 (R1) constam apontamentos sobre os cuidados que o perito deve adotar no exercício de suas atividades, tais como manter o zelo profissional e a responsabilidade sobre as informações prestadas com base nos dados levantados em diligências realizadas (CFC, 2020a).

4.4 Desenvolvimento de pesquisas técnicas periciais com base em dados e informações disponíveis na página eletrônica do Banco Central do Brasil

O Banco Central do Brasil (Bacen) apresenta, em sua página eletrônica oficial, um rico acervo de informações e documentos relativos ao mercado financeiro, como normas, resoluções, índices financeiros, taxas médias de juros de diversas operações de crédito, entre outros elementos técnicos pesquisados, selecionados e divulgados para consulta pública.

No desenvolvimento de perícias financeiras, normalmente é necessário fazer pesquisas técnicas com vistas a identificar informações que serão utilizadas em laudos periciais e pareceres técnicos apresentados na Justiça. Nesse sentido, justamente o Bacen costuma ser o principal destino de peritos e assistentes técnicos que precisam alimentar seus estudos técnicos.

A esse respeito, vamos apresentar a seguir alguns exemplos especialmente selecionados de diferentes formatos de pesquisas de dados que podem ser encontrados no *site* do Bacen. Destacaremos duas formas de obter as taxas médias de juros de mercado para operações de crédito, bem como o uso da ferramenta de cálculo para correção de valor por período e parâmetro específico escolhido.

Ao acessar a página eletrônica oficial do Bacen[1], é possível fazer a pesquisa das taxas médias de juros de mercado por dois tipos de buscas, considerando-se o acesso inicial pelo ícone "Estatísticas":

I. Clicar em "Taxas de juros", para acessar o acervo técnico das taxas médias de juros praticadas no mercado financeiro, por tipo de operação e período de ocorrência, obtendo os resultados dos dados relativos a cada uma das instituições financeiras pesquisadas; ou

II. Clicar no ícone "Séries temporais (SGS)", relativas ao Sistema Gerenciador de Séries Temporais (SGS), para encontrar especificamente a taxa média de juros única por modalidade de operação e período de levantamento.

A Figura 4.1, a seguir, indica onde encontrar facilmente as duas possibilidades de pesquisa.

Figura 4.1 – Reprodução do *site* do Bacen, com indicação de pesquisa na seção "Estatísticas": "Taxas de Juros" e "Séries temporais (SGS)"

Fonte: BCB, 2024a.

---

1 Disponível em: <www.bcb.gov.br>. Acesso em: 20 out. 2024.

No subsistema do Sisbacen, responsável pela captação, pelo tratamento estatístico e pela divulgação de informações de interesse do Bacen, existe a Calculadora do Cidadão (Figura 4.2), uma ferramenta interativa que permite ao usuário simular situações do cotidiano financeiro, como aplicação de depósitos regulares, financiamento com prestações fixas, valor futuro de capital e correção de valores.

Figura 4.2 – Reprodução do sistema de cálculo do Bacen: Calculadora do Cidadão

Fonte: BCB, 2024b.

4.4.1 Pesquisa técnica de taxas médias de juros de mercado de diversas instituições para operação de crédito – taxas de juros

O exemplo na Figura 4.3, a seguir, traz a demonstração de uma busca pelas taxas médias de juros praticadas por diversas instituições financeiras pesquisadas pelo Bacen, em "Histórico Posterior a 01/01/2012", com a seleção subsequente das seguintes opções: Segmento: "Pessoa Jurídica"; Modalidade: "Capital de giro com prazo até 365 dias – Pré-fixado"; Período: "25/04/2024 a 02/05/2024".

Figura 4.3 – Reprodução do *site* do Bacen, com indicação de pesquisa na seção "Estatísticas", em "Taxas de Juros"

Fonte: BCB, 2024a.

Como resultado da aplicação dos parâmetros de pesquisa indicados, gera-se um relatório contendo a seleção de instituições financeiras e as respectivas taxas médias de juros para o segmento, a modalidade e o período considerados, em ordem crescente, conforme pode ser visto na Figura 4.4.

Figura 4.4 – Reprodução de resultado de pesquisa direcionada de taxas de juros no *site* do Bacen, conforme os seguintes parâmetros: Taxas de Juros: "Histórico Posterior a 01/01/2012"; Segmento: "Pessoa Jurídica"; Modalidade: "Capital de giro com prazo até 365 dias – Pré-fixado"; Período: "25/04/2024 a 02/05/2024"

Posição	Instituição Financeira	Taxas Juros % a.m.	Taxas Juros % a.a.
1,00	BCO XCMG BRASIL S.A.	0,22	2,68
2,00	BANCO SICOOB S.A.	0,97	12,32
3,00	BCO SANTANDER (BRASIL) S.A.	1,09	13,86
4,00	BCO CITIBANK S.A.	1,10	14,07
5,00	BCO XP S.A.	1,25	16,08
6,00	REALIZE CFI S.A.	1,28	16,54
7,00	BCO HSBC S.A.	1,33	17,17
8,00	BCO DO NORDESTE DO BRASIL S.A.	1,40	18,15
9,00	BCO ABC BRASIL S.A.	1,44	18,69
10,00	NEON FINANCEIRA - CFI S.A.	1,50	19,56
11,00	BCO DIGIMAIS S.A.	1,50	19,58
12,00	BCO GUANABARA S.A.	1,57	20,51
13,00	BCO FIBRA S.A.	1,59	20,82
14,00	BANCO INBURSA	1,61	21,06
15,00	ITAÚ UNIBANCO S.A.	1,61	21,14
16,00	BCO LUSO BRASILEIRO S.A.	1,62	21,34
17,00	BCO BMG S.A.	1,63	21,45
18,00	PLANTAE CFI	1,75	23,14
19,00	BCO DAYCOVAL S.A.	1,78	23,56
20,00	BCO BS2 S.A.	1,82	24,11

21,00	BCO SAFRA S.A.	1,86	24,74
22,00	BCO BRADESCO S.A.	1,89	25,18
23,00	BANCO GENIAL	2,05	27,61
24,00	BCO HONDA S.A.	2,09	28,20
25,00	BCO DO ESTADO DO RS S.A.	2,16	29,27
26,00	BANCO TOPÁZIO S.A.	2,24	30,39
27,00	QISTA S.A. CFI	2,27	30,84
28,00	BCO INDUSCRED DE INVESTIM. S/A	2,38	32,64
29,00	BANCO BARI S.A.	2,41	33,06
30,00	BCO DO BRASIL S.A.	2,48	34,23
31,00	BANCO INTER	2,49	34,28
32,00	BANCO ORIGINAL	2,51	34,58
33,00	GAZINCRED S.A. SCFI	2,53	34,98
34,00	CAIXA ECONOMICA FEDERAL	2,56	35,45
35,00	BCO DA AMAZONIA S.A.	2,60	36,03
36,00	BRB - BCO DE BRASILIA S.A.	2,60	36,07
37,00	BCO BANESTES S.A.	2,74	38,35
38,00	STARA FINANCEIRA S.A. - CFI	2,88	40,54
39,00	BCO TRIANGULO S.A.	2,92	41,31
40,00	BCO SENFF S.A.	2,95	41,67
41,00	PORTOSEG S.A. CFI	3,09	44,12
42,00	GOLCRED S/A - CFI	3,13	44,80
43,00	BCO SOFISA S.A.	3,39	49,17
44,00	SF3 CFI S.A.	3,53	51,56
45,00	OMNI SA CFI	3,74	55,38
46,00	BANCO BTG PACTUAL S.A.	3,82	56,81
47,00	BCO RNX S.A.	4,08	61,56
48,00	BCO C6 S.A.	4,44	68,36
49,00	OMNI BANCO S.A.	5,78	96,20
50,00	NU FINANCEIRA S.A. CFI	6,44	111,37
51,00	BCO DO EST. DO PA S.A.	6,46	111,93
52,00	COBUCCIO S.A. SCFI	7,62	141,43
53,00	MERCADO CRÉDITO SCFI S.A.	9,39	193,48

Fonte: BCB, 2024a.

4.4.2 Pesquisa técnica de taxa média de juros de mercado para operação de crédito – Sistema Gerenciador de Séries Temporais

Nas pesquisas realizadas na página do Bacen, especificamente no Sistema Gerenciador de Séries Temporais (SGS), obtemos uma grande quantidade de resultados quando fazemos buscas genéricas, ou seja, com pouca especificação técnica. Por exemplo, uma simples tentativa de identificação ao acessar o campo "Pesquisa textual (nome da série)", com a indicação "taxa juros pessoa jurídica", resulta em centenas de séries na localização, como pode ser visto na Figura 4.5.

Figura 4.5 – Reprodução de resultado de pesquisa no *site* do Bacen na seção "Estatísticas", em "Séries temporais (SGS)", para "taxa juros pessoa jurídica", no campo "Pesquisa textual (nome da série)"

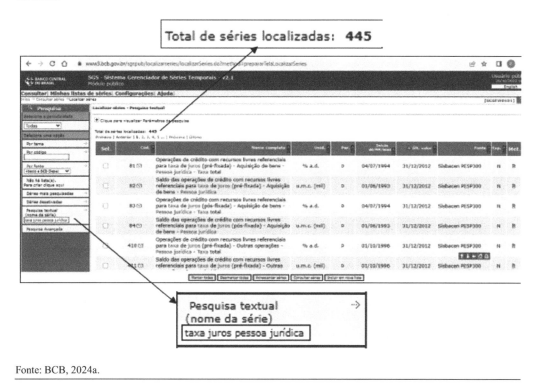

Fonte: BCB, 2024a.

Em uma situação como essa, em que o usuário recebe inúmeros resultados possíveis, torna-se, naturalmente, mais difícil identificar e selecionar o que efetivamente atende aos critérios usados como escopo da pesquisa. Portanto, é necessário detalhar ao máximo o objeto a ser pesquisado, a fim de obter a solução mais precisa e útil para ser usada no trabalho pericial financeiro.

Todavia, é importante mencionar que existem outras formas de obter resultados de pesquisas técnicas e com maior grau de precisão. Ainda com relação às taxas médias de juros de mercado, uma possibilidade é selecionar a série pelo código numérico cadastrado no sistema. Na Figura 4.6, é possível observar que foi digitado o código 25441 – "Taxa média mensal de juros das operações de crédito com recursos livres – Pessoas jurídicas – Capital de Giro com prazo de até 365 dias". Logo, o resultado encontrado pelo usuário será específico, como podemos visualizar a seguir.

Figura 4.6 – Reprodução de resultado de pesquisa no *site* do Bacen na seção "Estatísticas", em "Séries temporais (SGS)", por código: 25441 (Taxa média mensal de juros das operações de crédito com recursos livres – Pessoas jurídicas – Capital de giro com prazo de até 365 dias, para agosto de 2023)

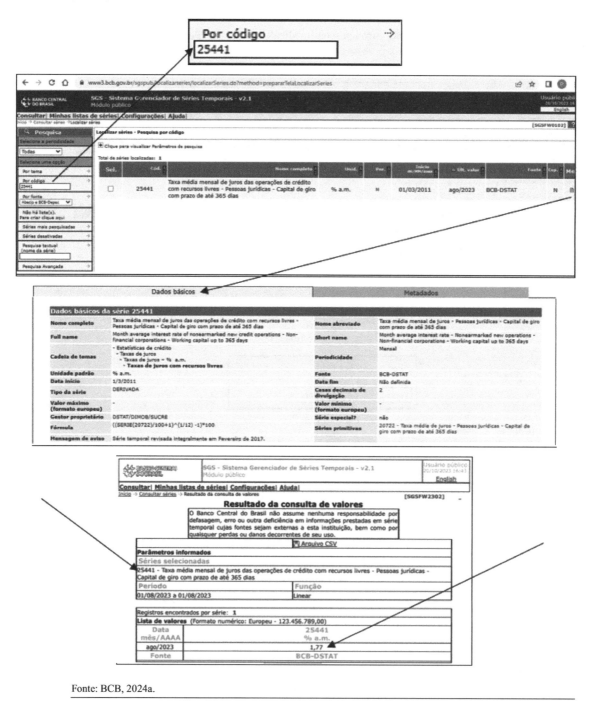

Fonte: BCB, 2024a.

Nas diversas formas de pesquisas que podemos realizar no *site* do Bacen, há uma infinidade de outros detalhes acerca de cada série objeto de pesquisa, como dados básicos e metadados, como indicado na Figura 4.6.

4.4.3 Ferramentas de cálculo – Calculadora do Cidadão

A Calculadora do Cidadão, disponível na página oficial do Bacen, proporciona aos usuários do sistema a possibilidade de realizar cálculos mediante a aplicação de critérios selecionados para determinada finalidade, como pode ser visualizado na Figura 4.7.

Figura 4.7 – Reprodução do sistema de cálculo Calculadora do Cidadão, do Bacen, com a seleção dos seguintes parâmetros de pesquisa em "Correção de valores": Poupança (Data inicial: 01/01/2023; Data final: 01/01/2024; Valor a ser corrigido: R$ 1.000,00)

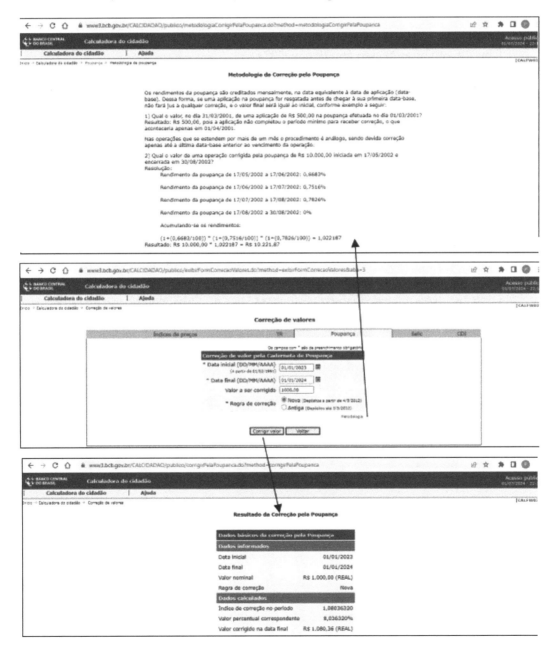

Fonte: BCB, 2024a.

Para saber mais

BCB – Banco Central do Brasil. Disponível em: <https://www.bcb.gov.br>. Acesso em: 20 out. 2024.

O *site* do Bacen representa uma forma constante de obter informações específicas utilizadas em diversas perícias financeiras. Por essa razão, sugerimos o acesso à página indicada, com o objetivo de fazer buscas em outros arquivos de estatísticas disponíveis, tais como "Notas econômico-financeiras"; "Tabelas especiais"; "Indicadores Econômicos Selecionados"; e "Poupança". Assim, você conhecerá melhor o acervo do Bacen e saberá quais elementos técnicos podem ser obtidos para as mais variadas necessidades.

FEBRABAN – Federação Brasileira de Bancos. Disponível em: <https://portal.febraban.org.br/>. Acesso em: 19 nov. 2024.

ABECIP – Associação Brasileira das Entidades de Crédito Imobiliário e Poupança. Disponível em: <https://www.abecip.org.br/>. Acesso em: 19 nov. 2024.

As páginas oficiais da Federação Brasileira de Bancos (Febraban) e da Associação Brasileira das Entidades de Crédito Imobiliário e Poupança (Abecip) também são excelentes fontes de pesquisa que podem auxiliar na condução de perícias financeiras.

Síntese

Neste capítulo, vimos que, para realizar uma perícia judicial, primeiramente o perito precisa saber qual é o objeto da perícia determinada na ação judicial e qual é o objetivo de seus estudos e de suas análises técnicas. Além disso, durante o desenvolvimento do trabalho, o perito pode realizar pesquisas técnicas e diligências periciais, a fim de obter informações complementares e documentação adicional que não constem nos autos do processo judicial e que sejam relevantes para os estudos técnicos da perícia. Também explicamos que, em sua página oficial, o Banco Central do Brasil (Bacen) disponibiliza diversos canais de pesquisa nos quais o profissional de perícia pode coletar informações e dados estatísticos, como taxas médias de juros de operações de crédito praticadas no mercado financeiro, bem como normas e resoluções, além de poder utilizar uma ferramenta de cálculo programada para diferentes necessidades.

Questões para revisão

1) Nos termos do art. 473, § 3º, do Código de Processo Civil, durante a realização do trabalho pericial, o perito pode:

   a. indicar quais documentos não existem no processo e que prejudicaram a realização da perícia.
   b. realizar o trabalho pericial com base exclusivamente nos documentos existentes no processo judicial, sendo-lhe vedado obter documentação adicional durante as diligências periciais.
   c. realizar o trabalho pericial com ressalvas técnicas, indicando quais elementos técnicos não estavam disponíveis para sua consulta.
   d. apontar documentos que devem ser entregues pelas partes após a entrega do laudo pericial.
   e. solicitar documentos, que estejam em poder da parte litigante, necessários ao desenvolvimento da perícia.

2) Em sua página eletrônica oficial, o Banco Central do Brasil apresenta:

   a. o levantamento das taxas médias de juros praticadas por instituições financeiras em diversas modalidades de operações de crédito.
   b. as taxas médias de juros fixadas pelo próprio Banco Central do Brasil e que devem servir como parâmetro para as operações de crédito no mercado financeiro.
   c. as taxas médias de juros das cinco maiores instituições financeiras brasileiras em operações de crédito específicas.
   d. as taxas médias de juros legais, fixadas pelo Conselho Monetário Nacional.
   e. as taxas mínimas e máximas previstas pelo Banco Central do Brasil para cada modalidade de operação de crédito existente no mercado financeiro.

3) Assinale a alternativa correta sobre o Sistema Gerenciador de Séries Temporais, do Banco Central do Brasil:

   a. Sistema padrão de consulta pública de séries econômico-financeiras dos índices de endividamento das instituições financeiras.
   b. Sistema padrão de consulta pública de séries econômico-financeiras dos índices de crédito das instituições financeiras.
   c. Sistema dinâmico e configurável de pesquisa do Banco Central do Brasil e que apresenta diversas modalidades de busca de dados estatísticos do mercado financeiro.

d. Sistema de pesquisa de séries temporais apenas das operações de investimento e poupança.
   e. Sistema de pesquisa acadêmica que contempla informações sobre os fluxos de capitais do mercado financeiro.

4) É possível realizar uma pesquisa técnica da taxa média de juros no mercado financeiro com base no levantamento de diversas instituições financeiras para uma modalidade de operação de crédito e com data definida?

5) É possível realizar uma pesquisa técnica das taxas médias de juros praticadas no mercado financeiro por diversas instituições financeiras para uma modalidade de operação de crédito e com data definida?

QUESTÕES PARA REFLEXÃO

1) Por que as pesquisas e diligências periciais são tão necessárias?

2) Por que o Banco Central do Brasil é uma importante fonte de pesquisa para a realização de pesquisas técnicas pelos peritos no desenvolvimento de perícias financeiras?

Conteúdos do capítulo

- Formulação e resposta de quesitos em perícia financeira.
- Condições adequadas para a preparação de resposta ao quesito apresentado em uma perícia financeira.

Após o estudo deste capítulo, você será capaz de:

1. compreender que os quesitos em uma perícia podem ser apresentados pelo juiz e pelas partes;
2. entender a importância de o perito judicial elaborar resposta técnica e fundamentada para todos os quesitos formulados e deferidos pelo juiz;
3. evitar fornecer, em uma perícia, respostas simples aos quesitos, como "sim" ou "não", bem como fornecer respostas incompletas ou sem embasamento técnico.

5
Perícia financeira em operações de crédito: apontamento de dúvidas técnicas por meio de quesitos formulados para a perícia

5.1 Quesitos apresentados em perícia financeira

Com relação aos quesitos apresentados em uma perícia, vamos, inicialmente, observar o que Mello (2016a, p. 54) descreve na obra *Perícia contábil*: "podemos definir os quesitos como as perguntas e/ou os pedidos feitos ao perito judicial com o intuito de responder às dúvidas levantadas por questões em discussão no processo que envolvam matéria técnica de conhecimento da perícia".

Assim, em uma perícia judicial, os quesitos são caracterizados como perguntas técnicas relativas ao objeto de estudo pericial determinado na demanda e, em algumas situações, são também materializados como pedidos específicos para o desenvolvimento de estudos. Conforme detalhamos no capítulo anterior deste livro, os quesitos podem ser formulados pelo juiz e pelas partes litigantes, tendo base nos arts. 465 e 470 do Código de Processo Civil (CPC), reproduzidos, com destaques, a seguir:

> Art. 465. [...]
>
> § 1º **Incumbe às partes**, dentro de 15 (quinze) dias contados da intimação do despacho de nomeação do perito:
> I – arguir o impedimento ou a suspeição do perito, se for o caso;
> II – indicar assistente técnico;
> III – **apresentar quesitos**.
> [...]
>
> Art. 470. **Incumbe ao juiz**:
>
> I – indeferir quesitos impertinentes;
> II – **formular os quesitos que entender necessários ao esclarecimento da causa**. (Brasil, 2015, grifo nosso)

Ainda, conforme o art. 470 do CPC, cabe ao juiz proceder ao indeferimento de quesitos considerados impertinentes.

É importante destacar a possibilidade de apresentar quesitos suplementares ao longo da realização da perícia, como estabelece o art. 469 do CPC. Tal situação específica acaba ampliando a janela de tempo para formular novos quesitos, considerando-se que os iniciais, apontados no art. 465, devem ser formulados em até 15 dias úteis "contados da intimação do despacho de nomeação do perito" (Brasil, 2015), enquanto os quesitos suplementares podem ser apresentados "durante a diligência" e, portanto, no transcorrer da realização do trabalho pericial.

Outro aspecto relevante, presente no art. 469 do CPC, diz respeito ao risco de que os eventuais quesitos suplementares tenham de ser respondidos pelo perito, mesmo após a entrega do laudo pericial, em audiência de instrução e julgamento:

> Art. 469. As partes poderão apresentar quesitos suplementares durante a diligência, que poderão ser respondidos pelo perito previamente ou na audiência de instrução e julgamento. Parágrafo único. O escrivão dará à parte contrária ciência da juntada dos quesitos aos autos. (Brasil, 2015)

No entanto, observamos que não é tão comum, em processos judiciais, a prática de formular quesitos suplementares para a perícia, motivo pelo qual os peritos não costumam enfrentar problemas ou dificuldades com esse tema.

Por fim, destacamos a situação definida no § 3º do art. 477 do CPC, que prevê a possibilidade de apresentar quesitos para esclarecimento pericial após a entrega do laudo em razão da eventual existência de dúvidas levantadas sobre o resultado do trabalho pericial.

Assim, vejamos os detalhes específicos dessa situação, com destaque para a condição dos quesitos para esclarecimento:

> Art. 477. O perito protocolará o laudo em juízo, no prazo fixado pelo juiz, pelo menos 20 (vinte) dias antes da audiência de instrução e julgamento.
>
> § 1º As partes serão intimadas para, querendo, manifestar-se sobre o laudo do perito do juízo no prazo comum de 15 (quinze) dias, podendo o assistente técnico de cada uma das partes, em igual prazo, apresentar seu respectivo parecer.
>
> § 2º O perito do juízo tem o dever de, no prazo de 15 (quinze) dias, esclarecer ponto:
>
> I – sobre o qual exista divergência ou dúvida de qualquer das partes, do juiz ou do órgão do Ministério Público;
>
> II – divergente apresentado no parecer do assistente técnico da parte.

§ 3º **Se ainda houver necessidade de esclarecimentos, a parte requererá ao juiz que mande intimar o perito ou o assistente técnico a comparecer à audiência de instrução e julgamento, formulando, desde logo, as perguntas, sob forma de quesitos**.

§ 4º O perito ou o assistente técnico será intimado por meio eletrônico, com pelo menos 10 (dez) dias de antecedência da audiência. (Brasil, 2015, grifo nosso)

Adicionalmente, frisamos que os esclarecimentos periciais normalmente são realizados por escrito, sendo raras as situações em que efetivamente existe a determinação de esclarecimento pericial em audiência designada para tanto.

5.2 Respostas de quesitos em perícia financeira na prática

O perito especializado em matéria financeira precisa executar um trabalho técnico consistente, mediante a elaboração de um laudo pericial competente em esclarecer os pontos controvertidos existentes no processo judicial especialmente fixados pelo juiz ou, ainda, naturalmente materializados em razão dos aspectos que são objeto de discussão entre as partes litigantes na ação.

Diante disso, uma das diversas atribuições da perícia refere-se à necessidade de fornecer respostas técnicas aos quesitos formulados pelas partes e/ou pelo juiz. Os quesitos, muitas vezes, são representados por perguntas, cujo conteúdo diz respeito aos aspectos técnicos em discussão no processo judicial.

Ainda com relação aos fatores gerais que devem ser contemplados nas respostas do perito judicial aos quesitos da perícia, vale observar o que afirma Mello (2016a, p. 57):

> O perito judicial deve elaborar respostas adequadas aos quesitos formulados apresentando todo o detalhamento técnico necessário para o atendimento completo ao que está sendo solicitado. A resposta apresentada ao quesito deve atingir o objetivo perseguido por quem o formulou, razão pela qual devem ser evitadas respostas evasivas, tendenciosas ou dúbias, que possam levar a mais de uma interpretação ou gerar mais dúvidas.

O inciso IV do art. 473 do CPC estabelece a obrigação de o perito apresentar laudo pericial contendo "resposta conclusiva a todos os quesitos apresentados pelo juiz, pelas partes e pelo órgão do Ministério Público" (Brasil, 2015), logicamente apenas para as perícias em que efetivamente quesitos tenham sido formulados.

Na Justiça brasileira, são inúmeros os processos em tramitação envolvendo discussões sobre operações financeiras. As respostas técnicas apresentadas aos quesitos formulados nesse tipo de demanda representam um desafio para os peritos em perícia financeira. Por essa razão, o profissional de perícia deve construir adequadamente a resposta ao quesito proposto.

Destacamos a seguir a importante contribuição de Mello (2016b, p. 87) sobre a condição de apresentação das respostas aos quesitos em perícia financeira:

> Nas respostas apresentadas aos quesitos financeiros muitas vezes será necessária a construção de cálculos ou planilhas financeiras, que ilustrem o que a perícia precisa demonstrar com seus conhecimentos especiais. Além disso, é útil em alguns momentos a citação de estudos técnicos, e utilização de referências bibliográficas, que auxiliem tecnicamente nas explicações indicadas em respostas aos quesitos. A perícia deve escolher as ferramentas adequadas para que os aspectos financeiros fiquem claros na leitura das respostas.

Dando sequência a nossos estudos, apresentamos um exemplo de questionamento feito em perícia financeira de operação de crédito[1]. Lembre-se de que a resposta elaborada pelo perito em seu laudo será lida pelo juiz e pelas partes, ou seja, leitores que, em geral, não têm formação ou conhecimento técnico em finanças. Portanto, é fundamental que o texto seja acessível aos destinatários do laudo. Ademais, a resposta ao quesito precisa ser técnica, mas clara e devidamente fundamentada, justificada e explicada.

Considerando que um quesito materializa uma dúvida que precisa ser esclarecida sem gerar mais incertezas, vejamos a seguir o quesito tomado como objeto de estudo pela perícia e que necessita de uma resposta técnica completa e conclusiva.

Exemplo de quesito em perícia financeira

Em um empréstimo realizado pelo Sistema Francês de Amortização, ou Tabela Price, no valor de R$ 10.000,00, com taxa de juros de 3% ao mês e prazo para pagamento em 6 parcelas mensais, é correto afirmar que o valor de cada parcela mensal é formado por juros e amortização, totalizando R$ 1.845,98?

---

1 Adaptado de material preparado pelo próprio autor deste livro no desenvolvimento de minicaso para a disciplina Didática de Ensino da Contabilidade, conduzida pelo Prof. Dr. Ivam Ricardo Peleias, no Programa de Mestrado em Ciências Contábeis da Fundação Escola de Comércio Álvares Penteado (Fecap), para motivar o estudo sobre a melhor forma de apresentação de resposta.

Diante de um quesito como esse, os peritos judiciais devem refletir sobre os seguintes questionamentos: Qual é a forma adequada de apresentação de uma resposta para tal pergunta feita em uma perícia? Quais aspectos precisam estar presentes na resposta? É necessário incluir um cálculo, uma planilha ou, simplesmente, uma explicação técnica?

Sob essas perspectivas, comentamos a seguir quatro hipóteses de respostas que poderiam ser encontradas em laudos periciais. Observe que as três primeiras são hipóteses de observações críticas sobre aspectos considerados como inadequados, ou parcialmente adequados, ao passo que a última resposta é a que caracteriza uma das possíveis formas corretas de fornecer uma resposta técnica para o quesito identificado.

Hipótese I: Resposta técnica inadequada para atendimento ao exemplo de quesito

Resposta: Sim.

Comentário: As respostas simples como "sim" ou "não" são as piores opções de atendimento ao quesito formulado, considerando-se que, nessa circunstância, não existe efetivamente uma resolução adequada e completa ao que foi perguntado e, da mesma forma, não foi evidenciada qualquer justificativa técnica fundamentada para a resposta dada.

Hipótese II: Resposta técnica parcialmente adequada para atendimento ao exemplo de quesito

Resposta: Positiva é a resposta, conforme o cálculo apresentado a seguir:

$$\text{Parcela} = \frac{C \times i}{1 - \dfrac{1}{(1+i)^n}} = \frac{10.000 \times 3\%}{1 - \dfrac{1}{(1+3\%)^6}} = 1.845,98$$

Comentário: Na resposta apresentada, está detalhada a fórmula de cálculo para apurar o valor da parcela da operação descrita no quesito, mas sem a devida indicação de seus componentes. Além disso, não foi devidamente esclarecido se a parcela seria representada por juros e amortização.

Hipótese III: Resposta técnica parcialmente adequada para atendimento ao exemplo de quesito

Resposta: O valor da parcela é de R$ 1.845,98, conforme demonstrado a seguir:

No.	Parcela	Juros	%Juros	Amortização	Saldo devedor
Col. 1	Col. 2	Col. 3	Col. 4	Col. 5	Col. 6
0	-	-	-	-	10.000,00
1	1.845,98	300,00	3,00%	1.545,98	8.454,02
2	1.845,98	253,62	3,00%	1.592,35	6.861,67
3	1.845,98	205,85	3,00%	1.640,12	5.221,55
4	1.845,98	156,65	3,00%	1.689,33	3.532,22
5	1.845,98	105,97	3,00%	1.740,01	1.792,21
6	1.845,98	53,77	3,00%	1.792,21	-

Comentário: Na resposta apresentada, está detalhado o demonstrativo do fluxo de pagamentos da operação descrita no quesito, mas sem a devida indicação de como seus componentes são formados. Ademais, o cálculo para a apuração do valor da parcela não foi devidamente esclarecido.

Hipótese IV: Atendimento técnico esperado ao quesito

Resposta: Positiva é a resposta. Conforme o cálculo apresentado a seguir, considerando a aplicação da fórmula de cálculo da Tabela Price (sendo: C = capital; i = taxa de juros por período; n = número de períodos), temos a apuração do valor da parcela mensal:

$$\text{Parcela} = \frac{C \times i}{1 - \dfrac{1}{(1+i)^n}} = \frac{10.000 \times 3\%}{1 - \dfrac{1}{(1+3\%)^6}} = 1.845,98$$

Assim, considerando que a Tabela Price é representada pelo cálculo de parcelas iguais e consecutivas, formadas por juros e amortização, apresentamos a demonstração dos valores das parcelas mensais, com juros e amortização:

No.	Parcela	Juros	%Juros	Amortização	Saldo devedor
Col. 1	Col. 2	Col. 3	Col. 4	Col. 5	Col. 6
0	-	-	-	-	10.000,00
1	1.845,98	300,00	3,00%	1.545,98	8.454,02
2	1.845,98	253,62	3,00%	1.592,35	6.861,67
3	1.845,98	205,85	3,00%	1.640,12	5.221,55
4	1.845,98	156,65	3,00%	1.689,33	3.532,22
5	1.845,98	105,97	3,00%	1.740,01	1.792,21
6	1.845,98	53,77	3,00%	1.792,21	-

Conforme demonstrado acima, nos cálculos do empréstimo indicado no quesito, os valores das parcelas obtidas pelos cálculos da Tabela Price representam a somatória dos valores de juros com as amortizações do período. Além disso, os valores de juros estão representados pelos percentuais desses encargos incidentes sobre os saldos devedores imediatamente anteriores.

Comentário: A resposta atende técnica e completamente ao que foi solicitado no quesito, pois indica o modo de realização do cálculo para apurar o valor da parcela da operação de crédito indicada e o fluxo de pagamentos da operação em questão, além de demonstrar que a parcela é formada por juros e amortização.

Diante do exposto, fica evidente que a resposta fornecida em uma perícia financeira deve demonstrar tecnicamente como o resultado foi obtido e, para isso, é necessário que o perito apresente a devida fundamentação e a explicação técnica adequada.

> No caso específico do exemplo construído para o quesito formulado, podemos observar a relevância de recorrer a uma calculadora financeira e/ou planilha financeira em computador, bem como de preparar um texto descritivo completo e que efetivamente consiga esclarecer tecnicamente ao destinatário final do laudo pericial a questão levantada.

5.3 Matemática financeira para peritos

Assim como destacamos, no Capítulo 2, que os peritos atuantes em perícia financeira devem ter a total compreensão dos aspectos técnicos que envolvem as operações de crédito do mercado financeiro, neste momento, ressaltamos ser fundamental que, nas perícias realizadas em operações de crédito, os peritos dominem as metodologias e formas de cálculo estabelecidas na matemática financeira.

Então, conforme apontado por Mello (2016b, p. 18), o completo entendimento dos conceitos técnicos da matemática financeira e

> a utilização adequada de fórmulas de cálculo para a demonstração de taxas de juros, incidência das mesmas, aplicação de índices de atualização, e ainda a elaboração de planilhas financeiras didáticas e detalhadas, são exaustivamente demandados nos trabalhos periciais que envolvem questões financeiras, como as principais operações de crédito em discussão nos processos judiciais.

Em perícia financeira, normalmente são levantadas questões técnicas específicas sobre cálculo do valor de juros, apuração do percentual de juros aplicado, cálculo de atualização monetária com a aplicação de indexadores de inflação, entre outros aspectos que têm como base a teoria da matemática financeira.

Nesse sentido, em um primeiro momento, o perito necessita ter o domínio técnico dos conceitos básicos da matemática financeira, como capital, montante, juros e período de incidência, além de demonstrar habilidade na apresentação de fórmulas e demonstrativos de cálculo de juros com a incidência nas formas simples e composta, ou seja, como juros simples e compostos.

Finalmente, com a utilização dos conceitos e das fórmulas básicas de cálculos da matemática financeira, o perito dedicado ao desenvolvimento de perícia em matéria financeira precisa preparar demonstrativos mais específicos, como no caso da aplicação de cálculos para operações de crédito: operação de desconto de títulos e cheques; abertura de crédito em conta corrente (cheque especial); rotativo do cartão de crédito; financiamentos e empréstimos com utilização de sistemas de amortização (Tabela Price, Sistema de

Amortização Constante, entre outros) etc. Para tanto, o perito também deve saber como empregar as ferramentas de cálculo disponíveis, como planilhas eletrônicas, sistemas de cálculos e calculadoras financeiras.

> **IMPORTANTE!**
>
> Adicionalmente, observamos que, no estudo apresentado anteriormente neste capítulo e, especialmente, por meio dos quatro casos completos do Capítulo 6, estão amplamente comentados os diversos aspectos técnicos normalmente encontrados em perícias financeiras sobre operações de crédito, com a identificação de conceitos, fórmulas e demonstrativos financeiros que têm como base a teoria da matemática financeira aplicada aos trabalhos periciais, sendo úteis, portanto, para ampliar a perspectiva de estudos acerca da condição para a apresentação de informações técnicas na perícia financeira.

Para saber mais

ASSAF NETO, Alexandre. **Matemática financeira e suas aplicações**. São Paulo: Atlas, 2024.

VIEIRA SOBRINHO, J. D. **Matemática financeira**. São Paulo: Atlas, 2018.

Considerando que a apresentação de conceitos, fórmulas de cálculo e metodologias para o desenvolvimento de planilhas e demonstrativos financeiros requer amplo estudo e acesso a bases técnicas de diversas fontes e, ainda, que na presente publicação existe um direcionamento específico para a compreensão das condições de desenvolvimento da perícia financeira em operações de crédito, recomendamos a leitura e o estudo complementar de obras específicas de matemática financeira para o completo entendimento dos temas tratados ou, se for o caso, para o aprimoramento ou reciclagem do conhecimento sobre as questões técnicas pertinentes.

As duas obras indicadas fornecem contribuições significativas para uma fundamentação consistente em matemática financeira, colaborando sobremaneira para a realização das perícias financeiras em operações de crédito.

MELLO, P. C. de. **Perícia financeira**. São Paulo: Ed. Senac São Paulo, 2016.

CASTANHEIRA, N. P. **Matemática aplicada à prova pericial**. Curitiba: Contentus, 2020.

Essas indicações de leitura contemplam aspectos sobre a matemática financeira aplicada aos trabalhos periciais financeiros.

Lembre-se de que, sem dominar a matemática financeira, não é possível executar trabalhos periciais em matéria financeira. O perito que realiza trabalhos periciais financeiros precisa constantemente estudar e aprimorar seus conhecimentos na área.

Síntese

Neste capítulo, vimos que tanto as partes como o juiz podem apresentar quesitos em uma perícia, sendo que cabe a este último, ainda, indeferir quesitos considerados impertinentes. Por sua vez, o perito judicial deve apresentar respostas técnicas fundamentadas e conclusivas para todos os quesitos formulados no processo judicial e deferidos pelo juiz. Ademais, quesitos suplementares podem ser apresentados durante a realização do trabalho pericial, devendo também ser contemplados pelo perito em seu laudo ou, eventualmente, após a conclusão da perícia. Além disso, explicamos que, em uma perícia, as respostas apresentadas pelo perito judicial aos quesitos devem ser preparadas com cuidado e critério técnico, buscando-se ao máximo atender plenamente ao que foi solicitado na pergunta ou pedido feito. Nesse sentido, a preparação de demonstrativos de cálculo, o emprego de bases técnicas consistentes, citações de autores e estudos de destaque consistem em alguns dos elementos geralmente usados pelos peritos em suas respostas aos quesitos formulados nas perícias financeiras, além, obviamente, do próprio texto desenvolvido pelo perito, que deve esclarecer objetivamente as dúvidas levantadas.

Questões para revisão

1) De acordo com o que está definido no Código de Processo Civil, em seus arts. 465, § 1º, e 470, quem pode formular quesitos em uma perícia?

   a. O juiz e as partes litigantes.
   b. O juiz e o perito.
   c. Somente as partes litigantes do processo judicial.
   d. O perito.
   e. O assistente técnico indicado pela parte que requisitou a realização da prova pericial.

2) Conforme definido no Código de Processo Civil, em seu art. 470, quanto aos quesitos de uma perícia, cabe ao juiz:

   a. analisar os quesitos formulados pelo perito.
   b. avaliar a pertinência dos quesitos apresentados pelo perito e somente deferir aqueles que deverão ser respondidos pelas partes em manifestação técnica após a entrega do laudo.
   c. formular todos os quesitos que deverão ser respondidos pelo perito após a entrega do laudo.

- d. formular quesitos que entenda serem necessários ao esclarecimento da causa e, ainda, indeferir quesitos considerados impertinentes.
- e. auxiliar o perito na apresentação de respostas aos quesitos formulados pelas partes litigantes.

3) Os quesitos iniciais formulados pelas partes devem ser respondidos pelo perito, conforme o inciso IV do art. 473 do Código de Processo Civil:

- a. no parecer técnico apresentado após a entrega do laudo pericial.
- b. no laudo pericial, de forma conclusiva.
- c. na audiência de instrução e julgamento.
- d. nos esclarecimentos periciais.
- e. em audiência de esclarecimento especialmente designada para tanto.

4) Como devem ser as respostas apresentadas pelo perito judicial?

5) O que justifica a apresentação de quesitos para o esclarecimento de uma perícia?

Questões para reflexão

1) É possível realizar uma perícia sem quesitos?

2) Por que respostas simples como "sim" ou "não" não são adequadas para o atendimento de quesitos formulados em uma perícia?

Conteúdos do capítulo

- Apresentação de laudo pericial pelo perito judicial nomeado para a realização da perícia e de parecer técnico pelo assistente técnico indicado pela parte litigante.
- Laudos periciais adaptados de processos judiciais envolvendo operações de crédito: empréstimo, financiamento, desconto de títulos e cheques, cartão de crédito.

Após o estudo deste capítulo, você será capaz de:

1. entender em que circunstâncias e condições devem ser apresentados o laudo pericial e, depois deste, o parecer técnico;
2. compreender detalhes práticos sobre a forma de construção e apresentação de laudos periciais envolvendo operações de crédito: empréstimo, financiamento, desconto de títulos e cheques, cartão de crédito;
3. analisar detalhes técnicos de uma perícia realizada em matéria financeira, especialmente envolvendo operações de crédito.

6 Casos práticos de perícia financeira envolvendo operações de crédito

6.1 Desenvolvimento de perícia judicial, elaboração de laudo pericial e apresentação de parecer técnico

O laudo pericial elaborado pelo perito deve conter a devida fundamentação técnica e, ainda, ser capaz de efetivamente atingir um resultado suficiente o bastante para esclarecer as questões técnicas que são objeto do estudo pericial. Além disso, o relatório pericial deve ter rigor técnico e demonstrar condições mínimas de apresentação. A esse respeito, destacamos o texto do art. 473 do Código de Processo Civil (CPC) em vigor, que indica os elementos componentes do laudo:

> Art. 473. O laudo pericial deverá conter:
>
> I – a exposição do objeto da perícia;
>
> II – a análise técnica ou científica realizada pelo perito;
>
> III – a indicação do método utilizado, esclarecendo-o e demonstrando ser predominantemente aceito pelos especialistas da área do conhecimento da qual se originou;
>
> IV – resposta conclusiva a todos os quesitos apresentados pelo juiz, pelas partes e pelo órgão do Ministério Público. (Brasil, 2015)

Após a entrega do laudo pericial, o assistente técnico indicado pela parte e que acompanhou o desenvolvimento do trabalho pericial pode apresentar seu parecer técnico, conforme estabelecido no art. 477 do CPC:

> Art. 477. O perito protocolará o laudo em juízo, no prazo fixado pelo juiz, pelo menos 20 (vinte) dias antes da audiência de instrução e julgamento.

§ 1º As partes serão intimadas para, querendo, manifestar-se sobre o laudo do perito do juízo no prazo comum de 15 (quinze) dias, **podendo o assistente técnico de cada uma das partes**, em igual prazo, **apresentar seu respectivo parecer**. (Brasil, 2015, grifo nosso)

6.2 Casos práticos de perícia financeira

Doravante, apresentaremos o desenvolvimento de quatro casos práticos de perícia financeira referentes a operações de crédito: empréstimo; financiamento; desconto de títulos e cheques; cartão de crédito. Todos eles constituem trabalhos periciais realizados pelo autor deste livro, tendo sido adaptados mediante a exclusão de dados e informações pessoais das partes envolvidas.

6.2.1 Empréstimo

EXCELENTÍSSIMO SENHOR DOUTOR JUIZ DE DIREITO DA XXª VARA CÍVEL DA COMARCA DE MODELO

PROCESSO: 0123456-78.2024.X.XX.XXXX – EMBARGOS À EXECUÇÃO

EMBARGANTE: PATRÍCIA PATOS PEREIRA

EMBARGADO: BANCO ABCD S/A

PAULO CORDEIRO DE MELLO, economista e contador, perito judicial nomeado às fls. 228 dos autos do processo em referência, tendo procedido aos estudos, análises e diligências que se fizeram necessárias, vem respeitosamente apresentar à consideração de Vossa Excelência o seguinte

LAUDO PERICIAL

I. Trabalho da perícia

Objetivo da perícia: Verificar quais teriam sido as condições de desenvolvimento do contrato celebrado entre as partes e objeto da presente demanda (Cédula de Crédito Bancário – Empréstimo Pessoal no. 012.345.678), bem como identificar tecnicamente os percentuais e formas de cálculo dos encargos cobrados em função da operação de crédito em questão, conforme determinado pelo MM Juízo às fls. 228 dos autos e atendimento técnico ao que foi solicitado pela Embargante às fls. 199/204 dos autos;

Local: Escritório do perito judicial;

Comunicações: Encaminhadas pelo perito judicial aos representantes das partes, informando o início do trabalho pericial, conforme Documento 01 do laudo pericial, em atendimento ao que está determinado pelos artigos 474 e 466 § 2º do Novo Código de Processo Civil (Lei 13.105, de 16 de março de 2015);

Diligências: Realizadas pelo perito judicial em busca de dados e documentos necessários ao desenvolvimento completo do trabalho pericial, mediante o envio de termos de diligência aos representantes das partes, conforme identificado pelo Documento 02 do laudo pericial, em atendimento ao que está determinado pelos artigos 474 e 473 § 3º do Novo Código de Processo Civil (Lei 13.105, de 16 de março de 2015);

Documentos utilizados: Os dos autos, além daqueles fornecidos pelas partes durante a realização das diligências periciais;

Metodologia: Exame técnico de documentos, levantamento de dados e valores objeto de estudo, e desenvolvimento de cálculos apresentados pelos Anexos 01 e 02 do laudo pericial;

Ressalva sobre as informações e documentação apresentada: A perícia foi feita com base nos documentos constantes dos autos, além daqueles apresentados pelas partes durante a realização das diligências periciais, presumindo que os mesmos sejam fidedignos. Observamos ainda que o MM Juízo determinou a conclusão do trabalho pericial com base nos dados e documentos existentes, conforme fls. 539 dos autos.

II. Análises técnicas

A Embargante solicitou que fosse realizada perícia contábil às fls. 199/204 dos autos, considerando o seguinte: *"A perícia faz-se imprescindível para aferição da cobrança de encargos, tais como juros capitalizados, juros acima do contratado, entre outros, pois pelo simples exame do instrumento contratual, não é possível exaurir a cognição para julgamento"*, tendo o MM Juízo deferido o pedido para tanto às fls. 228 dos autos.

Portanto, a perícia financeira determinada na presente demanda tem como objetivo de trabalho verificar quais teriam sido as condições de desenvolvimento da operação financeira estabelecida por meio da Cédula de Crédito Bancário – Empréstimo Pessoal no. 012.345.678, celebrada entre as partes em 22 de abril de 2019 e identificada às fls. 70/75 dos autos.

Dessa forma, devemos inicialmente observar que, pelo instrumento celebrado entre as partes em 22 de abril de 2019, juntado às fls. 70/75 dos autos (Cédula de Crédito Bancário – Empréstimo Pessoal no. 012.345.678), foram estabelecidas as condições financeiras, relativas ao crédito concedido no valor de R$ 325.000,00, além dos valores de IOF de R$ 12.522,25 e seguro de R$ 22.334,00, e, assim, totalizando o valor do empréstimo de R$ 359.856,25, para pagamento em 40 parcelas iguais, mensais e consecutivas de R$ 17.521,96 cada uma, vencendo-se a primeira parcela em 20 de setembro de 2019 e a última parcela em 20 de dezembro de 2022, com incidência de taxa de juros de 2,9597700% ao mês, com destaque ainda para a caracterização de aplicação da Tabela Price como sistema de amortização da operação, ou seja, do pagamento de parcelas mensais fixas, formadas por juros e amortização.

Quanto ao desenvolvimento do sistema de amortização objeto do contrato, Tabela Price, bem como da sistemática adotada pelo mesmo método para a incidência de juros, podemos observar o seguinte detalhamento apresentado no livro *Perícia financeira* (Editora Senac, p. 32-35), de autoria do próprio perito:

> O Sistema Francês de Amortização (Tabela Price) é um método de amortização caracterizado pela realização de pagamentos de parcelas constantes, ou seja, com o mesmo valor durante todo o período da operação.
>
> [...]
>
> Nesse sistema de amortização, com o cálculo de valores das parcelas iguais, formadas por juros e amortização, a taxa de juros incide sobre o capital amortizado e é menor a cada período, resultando em amortizações crescentes.
>
> [...]
>
> No final do período da operação financeira demonstrada, verificamos que o saldo devedor é zerado, pois foi totalmente amortizado após os pagamentos das parcelas mensais, que são formadas por juros simples incidentes sobre capital não incorporado de juros e amortização.
>
> [...]
>
> Com base no que foi demonstrado, verificamos que, na Tabela Price, as parcelas mensais são fixas, formadas por juros e amortização; os valores dos juros pagos são decrescentes e não são incorporados ao capital, representando juros simples; as amortizações são crescentes; e o saldo devedor decrescente, chegando ao valor de zero no final do período da operação.

Assim, a Tabela Price representa sistema de pagamento de parcelas com juros simples, isto porque a mesma se caracteriza por percentual de juros calculado sobre um saldo devedor decrescente, em função da amortização mensal crescente, valores de juros decrescentes e parcelas constantes, ao contrário do cálculo de juros compostos em que os juros não pagos seriam incorporados ao saldo devedor, fazendo com que este último crescesse.

Adicionalmente, o perito judicial elaborou o demonstrativo de cálculo Anexo 01 do laudo pericial, apresentando o detalhamento de cálculo completo com a indicação de cada um dos componentes do fluxo de pagamentos da Cédula de Crédito Bancário – Empréstimo Pessoal no. 012.345.678, considerando os seguintes elementos: valor do crédito: R$ 325.000,00, além dos valores de IOF: R$ 12.522,25 e seguro: R$ 22.334,00, e, assim, totalizando o valor do empréstimo de: R$ 359.856,25; sistema de amortização: Tabela Price; quantidade de parcelas: 40 parcelas mensais; e incidência de juros de 2,9597700% ao mês de forma simples, evidenciando a utilização do sistema de amortização da Tabela Price e obtenção do valor das parcelas mensais de R$ 17.381,24, e, portanto, diferente do valor de parcela indicada no contrato, de R$ 17.521,96.

Foi elaborado ainda pelo perito judicial o demonstrativo de cálculo Anexo 02 do laudo pericial, apurando-se a taxa de juros aplicada de 2,999935% ao mês para a obtenção do valor de parcela mensal indicada no contrato objeto de estudo técnico, de R$ 17.521,96 (Cédula de Crédito Bancário – Empréstimo Pessoal no. 012.345.678), considerando os demais componentes de cálculo de referida operação de crédito: valor do crédito: R$ 325.000,00, além dos valores de IOF: R$ 12.522,25 e seguro: R$ 22.334,00, totalizando o valor do empréstimo de: R$ 359.856,25; sistema de amortização: Tabela Price; quantidade de parcelas: 40 parcelas mensais, e, então, ficando demonstrada a utilização de taxa de juros de 2,999935% ao mês, diferente daquela indicada no instrumento contratual em questão, de 2,9597700% ao mês.

Analisando os dados demonstrados pela perícia nos Anexos 01 e 02 do laudo pericial, para a operação celebrada entre as partes e objeto da presente demanda, fica evidente ainda que: nos cálculos da Tabela Price a taxa de juros definida é sempre aplicada linearmente, ou seja, na forma de juros simples, não ocorrendo a incidência de juros sobre juros ou juros compostos, sendo que as amortizações crescem exponencialmente na mesma razão da taxa de juros mensal, e os valores de juros são sempre decrescentes, pois incidem sobre o saldo devedor reduzido das amortizações crescentes, ao contrário do efeito de cálculo com juros compostos, em que os juros cresceriam em progressão geométrica. Além disso, o saldo devedor também decresce, confirmando a não incorporação de juros ao mesmo, ou incidência de juros sobre juros.

Portanto, a simples aplicação da Tabela Price não implica cálculo de juros compostos, ou juros sobre juros, situação que está confirmada na operação realizada entre as partes e objeto da presente demanda, isso porque a mesma se caracteriza pelo pagamento mensal de juros calculados sobre um saldo devedor decrescente em função da amortização mensal crescente, ao contrário do cálculo de juros compostos em que os juros não pagos são incorporados ao saldo devedor, fazendo com que este último cresça. Assim, conforme detalhado tecnicamente, observamos que não foram aplicados juros capitalizados na operação de crédito celebrada entre as partes.

No entanto, é relevante destacar apenas que, na operação de crédito contratada entre as partes (Cédula de Crédito Bancário – Empréstimo Pessoal no. 012.345.678), foi definida a aplicação de período de carência, ou seja, período sem a existência de pagamentos de parcelas, entre a data da contratação do crédito: 22 de abril de 2019, até o primeiro pagamento de parcela previsto: 20 de setembro de 2019. E, para o período de carência, existiria o cálculo de juros e incorporação do mesmo aos saldos devedores, e, dessa forma, ficando caracterizada tecnicamente a existência de cálculo de juros sobre juros ou juros capitalizados mensalmente para esse período.

Já pelo que consta do demonstrativo financeiro elaborado pelo Embargado e identificados às fls. 76 dos autos, é possível observar que a Embargante não teria efetuado o pagamento de nenhuma das 40 parcelas devidas, no valor de R$ 17.521,96 cada uma, definidas por meio do instrumento de crédito objeto da presente demanda (Cédula de Crédito Bancário – Empréstimo Pessoal no. 012.345.678).

Adicionalmente destacamos que, ainda com base no que consta do demonstrativo financeiro elaborado pelo Embargado, identificado às fls. 76 dos autos, e tendo em vista que o Embargante não teria efetuado o pagamento de nenhuma das 40 parcelas contratadas por meio da Cédula de Crédito Bancário – Empréstimo Pessoal no. 012.345.678, foram aplicados os seguintes encargos de inadimplência: atualização monetária pela variação do INPC/IBGE – Índice Nacional de Preços ao Consumidor do Instituto Brasileiro de Geografia e Estatística, além de juros de mora de 12% ao ano (1% ao mês) e multa de 2%.

Finalmente, pelo que consta da página eletrônica do Banco Central do Brasil: www.bcb.gov.br, observamos que a taxa média de juros de mercado para a mesma modalidade de crédito celebrada entre as partes e objeto da presente demanda (crédito pessoal não consignado – Pessoa Física) representa o percentual de 7,07% ao mês, conforme destacado na reprodução apresentada a seguir:

Fonte: BCB, 2024b.

III. Quesitos apresentados pela Embargante – fls. 237/239

- 1º quesito da Embargante – Qual a taxa mensal de juros adotada pelo banco na cobrança dos encargos contratuais?

Resposta do perito judicial:

Para a resposta técnica completa ao que está sendo solicitado no quesito, devemos inicialmente observar que, pelo instrumento celebrado entre as partes em 22 de abril de 2019, juntado às fls. 70/75 dos autos (Cédula de Crédito Bancário – Empréstimo Pessoal no. 012.345.678), foram estabelecidas as seguintes condições financeiras, relativas ao crédito concedido no valor de R$ 325.000,00, além dos valores de IOF de R$ 12.522,25 e seguro de R$ 22.334,00, e, assim, totalizando o valor do empréstimo de R$ 359.856,25, para pagamento em 40 parcelas iguais, mensais e consecutivas de R$ 17.521,96 cada uma, vencendo-se a primeira parcela em 20 de setembro de 2019 e a última parcela em 20 de dezembro de 2022, com incidência de taxa de juros de 2,9597700% ao mês, 41,9092696% ao ano.

Adicionalmente, o Perito Judicial elaborou o demonstrativo de cálculo Anexo 01 do Laudo Pericial, apresentando o detalhamento de cálculo completo com a indicação de cada um dos componentes do fluxo de pagamentos da Cédula de Crédito Bancário – Empréstimo Pessoal no. 012.345.678, considerando os seguintes elementos: Valor do Crédito: R$ 325.000,00, além dos valores de IOF: R$ 12.522,25 e Seguro: R$ 22.334,00, e, assim, totalizando o valor do empréstimo de: R$ 359.856,25; Sistema de Amortização: Tabela Price; Quantidade de Parcelas: 40 parcelas mensais; e incidência de juros de 2,9597700% ao mês de forma simples, evidenciando a utilização do sistema de amortização da Tabela Price e obtenção do valor das parcelas mensais de R$ 17.381,24, e, portanto, diferente do valor de parcela indicada no contrato, de R$ 17.521,96.

Dessa forma, foi elaborado ainda pelo Perito Judicial o demonstrativo de cálculo Anexo 02 do Laudo Pericial, apurando-se a taxa de juros aplicada de 2,999935% ao mês para a obtenção do valor de parcela mensal indicada no contrato objeto de estudo técnico, de R$ 17.521,96 (Cédula de Crédito Bancário – Empréstimo Pessoal no. 012.345.678), considerando os demais componentes de cálculo de referida operação de crédito: Valor do Crédito: R$ 325.000,00, além dos valores de IOF: R$ 12.522,25 e Seguro: R$ 22.334,00, totalizando o valor do empréstimo de: R$ 359.856,25; Sistema de Amortização: Tabela Price; Quantidade de Parcelas: 40 parcelas mensais, e, então, ficando demonstrada a utilização de taxa de juros de 2,999935% ao mês, diferente daquela indicada no instrumento contratual em questão, de 2,9597700% ao mês.

- 2º quesito da Embargante – Qual a forma de cálculo e capitalização destes encargos?

Resposta do perito judicial:

Para a resposta técnica completa ao que está sendo solicitado no quesito, devemos inicialmente observar que, pelo instrumento celebrado entre as partes em 22 de abril de 2019, juntado às fls. 70/75 dos autos (Cédula de Crédito Bancário – Empréstimo Pessoal no. 012.345.678), foram estabelecidas as seguintes condições financeiras, relativas ao crédito concedido no valor de R$ 325.000,00, além dos valores de IOF de R$ 12.522,25 e Seguro de R$ 22.334,00, e, assim, totalizando o valor do empréstimo de R$ 359.856,25, para pagamento em 40 parcelas iguais, mensais e consecutivas de R$ 17.521,96 cada uma, vencendo-se a primeira parcela em 20 de setembro de 2019 e a última parcela em 20 de dezembro de 2022, com incidência de taxa de juros de 2,9597700% ao mês, 41,9092696% ao ano, com destaque ainda para a caracterização de aplicação da Tabela Price como sistema de amortização da operação, ou seja, do pagamento de parcelas mensais fixas, formadas por juros e amortização.

Quanto ao desenvolvimento do sistema de amortização objeto do contrato, Tabela Price, bem como da sistemática adotada pelo mesmo método para a incidência de juros, podemos observar o seguinte detalhamento apresentado no livro Perícia Financeira (Editora SENAC, p. 32-35), de autoria do próprio perito:

> O Sistema Francês de Amortização (Tabela Price) é um método de amortização caracterizado pela realização de pagamentos de parcelas constantes, ou seja, com o mesmo valor durante todo o período da operação.
>
> [...]
>
> Nesse sistema de amortização, com o cálculo de valores das parcelas iguais, formadas por juros e amortização, a taxa de juros incide sobre o capital amortizado e é menor a cada período, resultando em amortizações crescentes.
>
> [...]
>
> No final do período da operação financeira demonstrada, verificamos que o saldo devedor é zerado, pois foi totalmente amortizado após os pagamentos das parcelas mensais, que são formadas por juros simples incidentes sobre capital não incorporado de juros e amortização.
>
> [...]

Com base no que foi demonstrado, verificamos que, na Tabela Price, as parcelas mensais são fixas, formadas por juros e amortização; os valores dos juros pagos são decrescentes e não são incorporados ao capital, representando juros simples; as amortizações são crescentes; e o saldo devedor decrescente, chegando ao valor de zero no final do período da operação.

Assim, a Tabela Price representa sistema de pagamento de parcelas com juros simples, isto porque a mesma se caracteriza por percentual de juros calculado sobre um saldo devedor decrescente, em função da amortização mensal crescente, valores de juros decrescentes e parcelas constantes, ao contrário do cálculo de juros compostos em que os juros não pagos seriam incorporados ao saldo devedor, fazendo com que este último crescesse.

Adicionalmente, o Perito Judicial elaborou o demonstrativo de cálculo Anexo 01 do Laudo Pericial, apresentando o detalhamento de cálculo completo com a indicação de cada um dos componentes do fluxo de pagamentos da Cédula de Crédito Bancário – Empréstimo Pessoal no. 012.345.678, considerando os seguintes elementos: Valor do Crédito: R$ 325.000,00, além dos valores de IOF: R$ 12.522,25 e Seguro: R$ 22.334,00, e, assim, totalizando o valor do empréstimo de: R$ 359.856,25; Sistema de Amortização: Tabela Price; Quantidade de Parcelas: 40 parcelas mensais; e incidência de juros de 2,9597700% ao mês de forma simples, evidenciando a utilização do sistema de amortização da Tabela Price e obtenção do valor das parcelas mensais de R$ 17.381,24, e, portanto, diferente do valor de parcela indicada no contrato, de R$ 17.521,96.

Dessa forma, foi elaborado ainda pelo Perito Judicial o demonstrativo de cálculo Anexo 02 do Laudo Pericial, apurando-se a taxa de juros aplicada de 2,999935% ao mês para a obtenção do valor de parcela mensal indicada no contrato objeto de estudo técnico, de R$ 17.521,96 (Cédula de Crédito Bancário – Empréstimo Pessoal no. 012.345.678), considerando os demais componentes de cálculo de referida operação de crédito: Valor do Crédito: R$ 325.000,00, além dos valores de IOF: R$ 12.522,25 e Seguro: R$ 22.334,00, totalizando o valor do empréstimo de: R$ 359.856,25; Sistema de Amortização: Tabela Price; Quantidade de Parcelas: 40 parcelas mensais, e, então, ficando demonstrada a utilização de taxa de juros de 2,999935% ao mês, diferente daquela indicada no instrumento contratual em questão, de 2,9597700% ao mês.

Analisando os dados demonstrados pela perícia nos Anexos 01 e 02 do Laudo Pericial, para a operação celebrada entre as partes e objeto da presente demanda, fica evidente ainda que: nos cálculos da Tabela Price a taxa de juros definida é sempre aplicada linearmente, ou seja, na forma de juros simples, não ocorrendo a incidência de juros sobre juros ou juros compostos, sendo que as amortizações crescem exponencialmente na mesma razão da taxa de juros mensal, e, os valores de juros são sempre decrescentes, pois incidem sobre o saldo devedor reduzido das amortizações crescentes, ao contrário do efeito de cálculo com juros compostos, em que os juros cresceriam em progressão geométrica. Além disso, o saldo devedor também decresce, confirmando a não incorporação de juros ao mesmo, ou incidência de juros sobre juros.

Portanto, a simples aplicação da Tabela Price não implica cálculo de juros compostos, ou juros sobre juros, situação que está confirmada na operação realizada entre as partes e objeto da presente demanda, isso porque a mesma se caracteriza pelo pagamento mensal de juros calculados sobre um saldo devedor decrescente em função da amortização mensal crescente, ao contrário do cálculo de juros compostos em que os juros não pagos são incorporados ao saldo devedor, fazendo com que este último cresça. Assim, conforme detalhado tecnicamente, observamos que não foram aplicados juros capitalizados na operação de crédito celebrada entre as partes.

No entanto, é relevante destacar apenas que, na operação de crédito contratada entre as partes (Cédula de Crédito Bancário – Empréstimo Pessoal no. 012.345.678), foi definida a aplicação de período de carência, ou seja, período sem a existência de pagamentos de parcelas, entre a data da contratação do crédito: 22 de abril de 2019, até o primeiro pagamento de parcela previsto: 20 de setembro de 2019. E, para o período de carência, existiria o cálculo de juros e incorporação do mesmo aos saldos devedores, e, dessa forma, ficando caracterizada tecnicamente a existência de cálculo de juros sobre juros ou juros capitalizados mensalmente para o período indicado.

- 3º quesito da Embargante – A taxa de juros contratual estava em conformidade com a taxa média de juros aplicada no mercado financeiro brasileiro em situações contratuais análogas e para o mesmo período? Justificar.

Resposta do perito judicial:

Para a resposta técnica completa ao que está sendo solicitado no quesito, devemos inicialmente observar que, pelo instrumento celebrado entre as partes em 22 de abril de 2019, juntado às fls. 70/75 dos autos (Cédula de Crédito Bancário – Empréstimo Pessoal no. 012.345.678), foram estabelecidas as seguintes condições financeiras, relativas ao crédito concedido no valor de R$ 325.000,00, além dos valores de IOF de R$ 12.522,25 e Seguro de R$ 22.334,00, e, assim, totalizando o valor do empréstimo de R$ 359.856,25, para pagamento em 40 parcelas iguais, mensais e consecutivas de R$ 17.521,96 cada uma, vencendo-se a primeira parcela em 20 de setembro de 2019 e a última parcela em 20 de dezembro de 2022, com incidência de taxa de juros de 2,9597700% ao mês, 41,9092696% ao ano.

Adicionalmente, o Perito Judicial elaborou o demonstrativo de cálculo Anexo 01 do Laudo Pericial, apresentando o detalhamento de cálculo completo com a indicação de cada um dos componentes do fluxo de pagamentos da Cédula de Crédito Bancário – Empréstimo Pessoal no. 012.345.678, considerando os seguintes elementos: Valor do Crédito: R$ 325.000,00, além dos valores de IOF: R$ 12.522,25 e Seguro: R$ 22.334,00, e, assim, totalizando o valor do empréstimo de: R$ 359.856,25; Sistema de Amortização: Tabela Price; Quantidade de Parcelas: 40 parcelas mensais; e incidência de juros de 2,9597700% ao mês de forma simples, evidenciando a utilização do sistema de amortização da Tabela Price e obtenção do valor das parcelas mensais de R$ 17.381,24, e, portanto, diferente do valor de parcela indicada no contrato, de R$ 17.521,96.

Dessa forma, foi elaborado ainda pelo Perito Judicial o demonstrativo de cálculo Anexo 02 do Laudo Pericial, apurando-se a taxa de juros aplicada de 2,999935% ao mês para a obtenção do valor de parcela mensal indicada no contrato objeto de estudo técnico, de R$ 17.521,96 (Cédula de Crédito Bancário – Empréstimo Pessoal no. 012.345.678), considerando os demais componentes de cálculo de referida operação de crédito: Valor do Crédito: R$ 325.000,00, além dos valores de IOF: R$ 12.522,25 e Seguro: R$ 22.334,00, totalizando o valor do empréstimo de: R$ 359.856,25; Sistema de Amortização: Tabela Price; Quantidade de Parcelas: 40 parcelas mensais, e, então, ficando demonstrada a utilização de taxa de juros de 2,999935% ao mês, diferente daquela indicada no instrumento contratual em questão, de 2,9597700% ao mês.

E, finalmente, pelo que consta da página eletrônica do Banco Central do Brasil: www.bcb.gov.br, observamos que a taxa média de juros de mercado para a mesma modalidade de crédito celebrada entre as partes e objeto da presente demanda (crédito pessoal não consignado – Pessoa Física) representa o percentual de 7,07% ao mês, conforme destacado na reprodução apresentada a seguir:

Fonte: BCB, 2024b.

- 4º quesito da Embargante: Houve cobrança cumulada de comissão de permanência com correção monetária em caso de atraso? Tal cláusula consta no contrato? Em caso positivo, qual a taxa cobrada? Qual o montante cobrado em todo o período da operação, indicando inclusive o percentual do período? Em caso positivo, esse montante foi cobrado de forma capitalizada?

Resposta do perito judicial:

Para a resposta técnica completa ao que está sendo solicitado no quesito, inicialmente, devemos observar que, pelo instrumento celebrado entre as partes em 22 de abril de 2019, juntado às fls. 70/75 dos autos (Cédula de Crédito Bancário – Empréstimo Pessoal n. 012.345.678), foram estabelecidas as seguintes condições para os casos de inadimplência:

> 5. Encargos Moratórios: a mora da Emitente resultará do inadimplemento da dívida, independentemente de notificação ou interpelação, judicial ou extrajudicial, e, nesse caso, os encargos da dívida serão exigíveis pelo período que decorrer da data do inadimplemento ou mora até a efetiva liquidação da dívida, da seguinte forma:
>
> a.1) juros remuneratórios às mesmas taxas previstas nesta cédula, incidente sobre o valor da dívida;
>
> a.2) jutos moratórios à taxa de 1% (um por cento) ao mês, ou fração, incidente sobre o valor da dívida acrescido dos juros remuneratórios previstos na letra "a.1";
>
> a.3) multa de 2% (dois por cento) incidente sobre o total devido.
>
> b) despesas de cobrança, ressalvado o mesmo direito em favor do Emitente, inclusive honorários advocatícios de 10% (dez por cento) sobre o valor do saldo devedor.

Já pelo que consta do demonstrativo financeiro elaborado pelo Embargado e identificado às fls. 76 dos autos, é possível observar que a Embargante não teria efetuado o pagamento de nenhuma das 40 parcelas devidas, no valor de R$ 17.521,96 cada uma, definidas por meio do instrumento de crédito objeto da presente demanda (Cédula de Crédito Bancário – Empréstimo Pessoal n. 012.345.678). Por essa razão, foram aplicados os seguintes encargos de inadimplência: atualização monetária pela variação do INPC/IBGE – Índice Nacional de Preços ao Consumidor do Instituto Brasileiro de Geografia e Estatística, além de juros de mora de 12% ao ano (1% ao mês) e multa de 2%.

Portanto, de acordo com o que foi detalhado pelo perito judicial, observamos que no contrato celebrado entre as partes e objeto da presente demanda (Cédula de Crédito Bancário – Empréstimo Pessoal n. 012.345.678), assim como nas cobranças feitas pelo Embargado, não foi estabelecida a aplicação de comissão de permanência, ou, ainda, da cumulação de comissão de permanência com correção monetária para os casos de atraso nos pagamentos de parcelas.

- 5º quesito da Embargante: Houve algum pagamento parcial do empréstimo? Em caso positivo, quanto foi pago de principal, de juros e de encargos moratórios?

Resposta do perito judicial:
De acordo com o que consta do demonstrativo financeiro elaborado pelo Embargado e identificado às fls. 76 dos autos, é possível observar que a Embargante não teria efetuado o pagamento de nenhuma das 40 parcelas devidas, no valor de R$ 17.521,96 cada uma, definidas por meio do instrumento de crédito objeto da presente demanda (Cédula de Crédito Bancário – Empréstimo Pessoal n. 012.345.678). Por essa razão, foram aplicados os seguintes encargos de inadimplência: atualização monetária pela variação do INPC/IBGE – Índice Nacional de Preços ao Consumidor do Instituto Brasileiro de Geografia e Estatística, além de juros de mora de 12% ao ano (1% ao mês) e multa de 2%.

- 6º quesito da Embargante: Qual ou quais foram as taxas de juros praticadas pelo banco em seus mais diversos produtos nos mesmos períodos em que emprestou ou mutuou para a cliente?

Resposta do perito judicial:
O que está sendo solicitado no quesito foge totalmente ao objetivo de estudo da perícia determinada na presente demanda, sendo que o instrumento contratual objeto da presente demanda foi celebrado entre as partes em 22 de abril de 2019 e está identificado às fls. 70/75 dos autos (Cédula de Crédito Bancário – Empréstimo Pessoal n. 012.345.678), não havendo definição específica do MM Juízo para que no trabalho pericial fosse realizado qualquer tipo de levantamento técnico sobre taxas de juros praticadas em outras modalidades de operações de crédito eventualmente realizadas entre as mesmas partes litigantes.

Sobre essa questão, destacamos que, conforme consta no art. 473, § 2º, do Novo Código de Processo Civil: "É vedado ao perito ultrapassar os limites de sua designação, bem como emitir opiniões pessoais que excedam o exame técnico ou científico do objeto da perícia" (Lei 13.105, de 16 de março de 2015).

IV. Conclusões técnicas

A perícia determinada na presente demanda tem o objetivo de analisar as condições de desenvolvimento da operação financeira estabelecida pela Cédula de Crédito Bancário – Empréstimo Pessoal n. 012.345.678, celebrada entre as partes em 22 de abril de 2019 e identificada às fls. 70/75 dos autos, bem como dos valores devidos, cobrados e pagos em função desta, além dos encargos aplicados.

Considerando a necessidade de verificação técnica sobre a eventual existência de capitalização de juros no instrumento contratual celebrado entre as partes, objeto da presente demanda, bem como da identificação do percentual definido e efetivamente aplicado de juros na referida operação de crédito, o perito judicial executou a análise técnica completa das condições da Cédula de Crédito Bancário – Empréstimo Pessoal n. 012.345.678 celebrada entre as partes em 22 de abril de 2019, juntada às fls. 70/75 dos autos. Desse modo, o perito constatou que <u>está caracterizada no referido instrumento a aplicação da Tabela Price como sistema de amortização da operação em questão, mediante a incidência de taxa de juros de 2,999935% ao mês</u>.

<u>A Tabela Price representa sistema de pagamento de parcelas com juros simples</u>, isso porque a mesma se caracteriza por percentual de juros calculado sobre um saldo devedor decrescente, em função da amortização mensal crescente, valores de juros decrescentes e parcelas constantes, ao contrário do cálculo de juros compostos (ou capitalizados) em que os juros não pagos seriam incorporados ao saldo devedor fazendo com que este último crescesse. Assim, conforme detalhado pelo perito judicial, <u>não seriam aplicados juros capitalizados na operação de crédito celebrada entre as partes</u>.

Adicionalmente, <u>o Perito Judicial elaborou o demonstrativo de cálculo Anexo 01 do Laudo Pericial</u>, apresentando o detalhamento de cálculo completo com a indicação dos componentes do fluxo de pagamentos da Cédula de Crédito Bancário – Empréstimo Pessoal no. 012.345.678, considerando os seguintes elementos: Valor do Crédito: R$ 325.000,00, além dos valores de IOF: R$ 12.522,25 e Seguro: R$ 22.334,00, e, assim, totalizando o valor do empréstimo de: R$ 359.856,25; Sistema de Amortização: Tabela Price; Quantidade de Parcelas: 40 parcelas mensais; e incidência de juros de 2,9597700% ao mês de forma simples, evidenciando a utilização do sistema de amortização da Tabela Price e <u>obtenção do valor de parcela mensal de R$ 17.381,24, e, portanto, diferente do valor de parcela contratada, de R$ 17.521,96</u>.

Dessa forma, <u>foi elaborado ainda pelo Perito Judicial o demonstrativo de cálculo Anexo 02 do Laudo Pericial, apurando-se a taxa de juros aplicada de 2,999935% ao mês para a obtenção do valor de parcela mensal indicada no contrato objeto de estudo técnico, de R$ 17.521,96</u> (Cédula de Crédito Bancário – Empréstimo Pessoal no. 012.345.678), considerando os demais componentes de cálculo de referida operação de crédito: Valor do Crédito: R$ 325.000,00, além dos valores de IOF: R$ 12.522,25 e Seguro: R$ 22.334,00, totalizando o valor do empréstimo de: R$ 359.856,25; Sistema de Amortização: Tabela Price; Quantidade de Parcelas: 40 parcelas mensais, e, então, <u>ficando demonstrada a utilização de taxa de juros de 2,999935% ao mês, diferente daquela indicada no instrumento contratual em questão, de 2,9597700% ao mês</u>.

É relevante destacar ainda que, na operação de crédito contratada entre as partes (Cédula de Crédito Bancário – Empréstimo Pessoal no. 012.345.678), foi definida a aplicação de período de carência, ou seja, período sem a existência de pagamentos de parcelas, entre a data da contratação do crédito: 22 de abril de 2019, até o primeiro pagamento de parcela previsto: 20 de setembro de 2019. E, para o período de carência, existiria o cálculo de juros e incorporação do mesmo aos saldos devedores, e, dessa forma, ficando caracterizada tecnicamente a existência de cálculo de juros sobre juros ou juros capitalizados mensalmente no período de carência.

E, finalmente, conforme demonstrado pelo perito judicial nas análises técnicas do laudo pericial, a taxa de juros definida no contrato objeto da presente demanda é inferior ao percentual médio de juros de mercado para a mesma modalidade e período de referida operação, conforme dados divulgados pelo Banco Central do Brasil.

V. Encerramento

Vai o presente laudo pericial em 20 (vinte) páginas digitadas por meio de processamento eletrônico de dados, todas assinadas digitalmente e a última datada. Acompanha 02 (dois) anexos.

São Paulo, 16 de maio de 2024

PAULO CORDEIRO DE MELLO

Perito Judicial

Corecon/SP 29.372 – CNPEF/Cofecon no. 483

CRC 1SP241431/O-7 – CNPC/CFC no. 39

Anexo 1: Demonstrativo de Cálculo da Operação

Anexo 1 - Demonstrativo de Cálculo da Operação (Parcela: R$ 17.381,24 e Juros: 2,9597700% a.m.)						
No.	Data	Parcela	Juros	% Juros	Amortiz.	Saldo Devedor
col 1	col 2	col 3	col 4	col 5	col 6	col 7
0	22/04/19	-	-	-	-	359.856,25
-	20/05/19	-	10.650,92	2,959770%	(10.650,92)	370.507,17
-	20/06/19	-	10.966,16	2,959770%	(10.966,16)	381.473,33
-	20/07/19	-	11.290,73	2,959770%	(11.290,73)	392.764,06
-	20/08/19	-	11.624,91	2,959770%	(11.624,91)	404.388,97
1	20/09/19	17.381,24	11.968,98	2,959770%	5.412,25	398.976,72
2	20/10/19	17.381,24	11.808,79	2,959770%	5.572,44	393.404,28
3	20/11/19	17.381,24	11.643,86	2,959770%	5.737,38	387.666,90
4	20/12/19	17.381,24	11.474,05	2,959770%	5.907,19	381.759,71
5	20/01/20	17.381,24	11.299,21	2,959770%	6.082,03	375.677,68

(continua)

(Anexo 1 – conclusão)

Anexo 1 - Demonstrativo de Cálculo da Operação (Parcela: R$ 17.381,24 e Juros: 2,9597700% a.m.)

No.	Data	Parcela	Juros	% Juros	Amortiz.	Saldo Devedor
6	20/02/20	17.381,24	11.119,20	2,959770%	6.262,04	369.415,64
7	20/03/20	17.381,24	10.933,85	2,959770%	6.447,38	362.968,26
8	20/04/20	17.381,24	10.743,03	2,959770%	6.638,21	356.330,05
9	20/05/20	17.381,24	10.546,55	2,959770%	6.834,69	349.495,36
10	20/06/20	17.381,24	10.344,26	2,959770%	7.036,98	342.458,38
11	20/07/20	17.381,24	10.135,98	2,959770%	7.245,26	335.213,13
12	20/08/20	17.381,24	9.921,54	2,959770%	7.459,70	327.753,43
13	20/09/20	17.381,24	9.700,75	2,959770%	7.680,49	320.072,94
14	20/10/20	17.381,24	9.473,42	2,959770%	7.907,81	312.165,12
15	20/11/20	17.381,24	9.239,37	2,959770%	8.141,87	304.023,26
16	20/12/20	17.381,24	8.998,39	2,959770%	8.382,85	295.640,41
17	20/01/21	17.381,24	8.750,28	2,959770%	8.630,96	287.009,45
18	20/02/21	17.381,24	8.494,82	2,959770%	8.886,42	278.123,03
19	20/03/21	17.381,24	8.231,80	2,959770%	9.149,44	268.973,59
20	20/04/21	17.381,24	7.961,00	2,959770%	9.420,24	259.553,36
21	20/05/21	17.381,24	7.682,18	2,959770%	9.699,05	249.854,30
22	20/06/21	17.381,24	7.395,11	2,959770%	9.986,12	239.868,18
23	20/07/21	17.381,24	7.099,55	2,959770%	10.281,69	229.586,49
24	20/08/21	17.381,24	6.795,23	2,959770%	10.586,01	219.000,48
25	20/09/21	17.381,24	6.481,91	2,959770%	10.899,33	208.101,15
26	20/10/21	17.381,24	6.159,32	2,959770%	11.221,92	196.879,23
27	20/11/21	17.381,24	5.827,17	2,959770%	11.554,06	185.325,17
28	20/12/21	17.381,24	5.485,20	2,959770%	11.896,04	173.429,13
29	20/01/22	17.381,24	5.133,10	2,959770%	12.248,13	161.181,00
30	20/02/22	17.381,24	4.770,59	2,959770%	12.610,65	148.570,35
31	20/03/22	17.381,24	4.397,34	2,959770%	12.983,90	135.586,45
32	20/04/22	17.381,24	4.013,05	2,959770%	13.368,19	122.218,26
33	20/05/22	17.381,24	3.617,38	2,959770%	13.763,86	108.454,40
34	20/06/22	17.381,24	3.210,00	2,959770%	14.171,24	94.283,17
35	20/07/22	17.381,24	2.790,56	2,959770%	14.590,67	79.692,49
36	20/08/22	17.381,24	2.358,71	2,959770%	15.022,52	64.669,97
37	20/09/22	17.381,24	1.914,08	2,959770%	15.467,15	49.202,82
38	20/10/22	17.381,24	1.456,29	2,959770%	15.924,95	33.277,87
39	20/11/22	17.381,24	984,95	2,959770%	16.396,29	16.881,58
40	20/12/22	17.381,24	499,66	2,959770%	16.881,58	-

Anexo 2: Demonstrativo de Cálculo da Operação

Anexo 2 - Demonstrativo de Cálculo da Operação (Parcela: R$ 17.521,96 e Juros: 2,99993510% a.m.)							
No.	Data	Parcela	Juros	% Juros	Amortiz.	Saldo Devedor
col 1	col 2	col 3	col 4	col 5	col 6	col 7
0	22/04/19	-	-	-	-	359.856,25
-	20/05/19	-	10.795,45	2,9999351024%	(10.795,45)	370.651,70
-	20/06/19	-	11.119,31	2,9999351024%	(11.119,31)	381.771,01
-	20/07/19	-	11.452,88	2,9999351024%	(11.452,88)	393.223,90
-	20/08/19	-	11.796,46	2,9999351024%	(11.796,46)	405.020,36
1	20/09/19	17.521,96	12.150,35	2,9999351024%	5.371,61	399.648,75
2	20/10/19	17.521,96	11.989,20	2,9999351024%	5.532,76	394.115,99
3	20/11/19	17.521,96	11.823,22	2,9999351024%	5.698,74	388.417,25
4	20/12/19	17.521,96	11.652,27	2,9999351024%	5.869,69	382.547,56
5	20/01/20	17.521,96	11.476,18	2,9999351024%	6.045,78	376.501,78
6	20/02/20	17.521,96	11.294,81	2,9999351024%	6.227,15	370.274,63
7	20/03/20	17.521,96	11.108,00	2,9999351024%	6.413,96	363.860,67
8	20/04/20	17.521,96	10.915,58	2,9999351024%	6.606,38	357.254,29
9	20/05/20	17.521,96	10.717,40	2,9999351024%	6.804,56	350.449,73
10	20/06/20	17.521,96	10.513,26	2,9999351024%	7.008,70	343.441,03
11	20/07/20	17.521,96	10.303,01	2,9999351024%	7.218,95	336.222,08
12	20/08/20	17.521,96	10.086,44	2,9999351024%	7.435,52	328.786,56
13	20/09/20	17.521,96	9.863,38	2,9999351024%	7.658,58	321.127,99
14	20/10/20	17.521,96	9.633,63	2,9999351024%	7.888,33	313.239,66
15	20/11/20	17.521,96	9.396,99	2,9999351024%	8.124,97	305.114,68
16	20/12/20	17.521,96	9.153,24	2,9999351024%	8.368,72	296.745,97
17	20/01/21	17.521,96	8.902,19	2,9999351024%	8.619,77	288.126,19
18	20/02/21	17.521,96	8.643,60	2,9999351024%	8.878,36	279.247,83
19	20/03/21	17.521,96	8.377,25	2,9999351024%	9.144,71	270.103,13
20	20/04/21	17.521,96	8.102,92	2,9999351024%	9.419,04	260.684,08
21	20/05/21	17.521,96	7.820,35	2,9999351024%	9.701,61	250.982,48
22	20/06/21	17.521,96	7.529,31	2,9999351024%	9.992,65	240.989,83
23	20/07/21	17.521,96	7.229,54	2,9999351024%	10.292,42	230.697,41
24	20/08/21	17.521,96	6.920,77	2,9999351024%	10.601,19	220.096,22
25	20/09/21	17.521,96	6.602,74	2,9999351024%	10.919,22	209.177,00
26	20/10/21	17.521,96	6.275,17	2,9999351024%	11.246,79	197.930,22
27	20/11/21	17.521,96	5.937,78	2,9999351024%	11.584,18	186.346,04
28	20/12/21	17.521,96	5.590,26	2,9999351024%	11.931,70	174.414,34

(continua)

(Anexo 2 – conclusão)

Anexo 2 - Demonstrativo de Cálculo da Operação (Parcela: R$ 17.521,96 e Juros: 2,99993510% a.m.)

No.	Data	Parcela	Juros	% Juros	Amortiz.	Saldo Devedor
29	20/01/22	17.521,96	5.232,32	2,9999351024%	12.289,64	162.124,69
30	20/02/22	17.521,96	4.863,64	2,9999351024%	12.658,32	149.466,37
31	20/03/22	17.521,96	4.483,89	2,9999351024%	13.038,07	136.428,30
32	20/04/22	17.521,96	4.092,76	2,9999351024%	13.429,20	122.999,10
33	20/05/22	17.521,96	3.689,89	2,9999351024%	13.832,07	109.167,04
34	20/06/22	17.521,96	3.274,94	2,9999351024%	14.247,02	94.920,02
35	20/07/22	17.521,96	2.847,54	2,9999351024%	14.674,42	80.245,59
36	20/08/22	17.521,96	2.407,32	2,9999351024%	15.114,64	65.130,95
37	20/09/22	17.521,96	1.953,89	2,9999351024%	15.568,07	49.562,88
38	20/10/22	17.521,96	1.486,85	2,9999351024%	16.035,11	33.527,77
39	20/11/22	17.521,96	1.005,81	2,9999351024%	16.516,15	17.011,62
40	20/12/22	17.521,96	510,34	2,9999351024%	17.011,62	-

6.2.2 Financiamento

EXCELENTÍSSIMO SENHOR DOUTOR JUIZ DE DIREITO DA XXª VARA CÍVEL DA COMARCA DE MODELO

PROCESSO: 1111111-96.2015.8.26.XXXX – COMUM

REQUERENTE: CLÁUDIO CLAUDIONOR CLAUDINO

REQUERIDO: BJSH BANCO S/A

PAULO CORDEIRO DE MELLO, economista e contador, perito judicial nomeado às fls. 214 dos autos do processo em referência, tendo procedido aos estudos, análises e pesquisas que se fizeram necessárias, vem respeitosamente apresentar à consideração de Vossa Excelência o seguinte

LAUDO PERICIAL

I. Determinação para realização de perícia contábil

- Às fls. 177/178 dos autos o Requerido requereu a realização de perícia contábil com a finalidade de comprovar que: *"não houve cobrança abusiva de juros ou tarifas, bem como que todas as tarifas cobradas constam do contrato devidamente assinado pelo Requerente"* e, ainda, *"não houve capitalização de juros no contrato reclamado"*. Já o Requerente declarou às fls. 183 dos autos não pretender a produção de provas.

- O MM Juízo determinou a realização de prova pericial contábil às fls. 209 dos autos, com a honrosa nomeação do profissional que ao final subscreve o presente laudo para exercer a função de perito.
- O Requerido apresentou quesitos às fls. 211 dos autos, não tendo sido feito o mesmo pelo Requerente. As partes não indicaram assistentes técnicos para o acompanhamento do trabalho pericial.

II. Trabalho da perícia contábil

Objetivo da perícia: Verificar se existe capitalização de juros e quais teriam sido as condições de cobrança de tarifas e impostos no desenvolvimento do contrato celebrado entre as partes e objeto da presente demanda, conforme a condição específica descrita pelo MM Juízo às fls. 209 dos autos e atendimento técnico ao que foi solicitado pelo Requerido às fls. 177/178 dos autos;

Local: Escritório do perito judicial;

Comunicações: Encaminhadas pelo perito judicial aos representantes das partes, informando o início do trabalho pericial, conforme Documento 01 do laudo pericial, em atendimento ao que está determinado pelos artigos 474 e 466 § 2º do Novo Código de Processo Civil (Lei 13.105, de 16 de março de 2015);

Pesquisas: Feitas pelo perito em busca de informações técnicas necessárias para a realização da perícia contábil determinada, bem como de fontes bibliográficas, detalhadas pelo item 9 – Bibliografia consultada e utilizada no laudo, conforme previsto no artigo 473 § 3º do Novo Código de Processo Civil (Lei 13.105, de 16 de março de 2015);

Documentos utilizados: Os dos autos;

Metodologia: Exame técnico de documentos, levantamento de dados e valores objeto de estudo, e desenvolvimento de cálculos apresentados pelos Anexos 01 e 02 do laudo pericial;

Ressalva sobre as informações e documentação apresentada: A perícia foi feita com base nos documentos constantes dos autos, presumindo que os mesmos sejam fidedignos.

III. Análises técnicas

De acordo com o que consta da Inicial da presente demanda, identificada às fls. 01/16 e fls. 43/45 dos autos, o Requerente afirma que teriam sido realizadas cobranças indevidas pelo Requerido, de tarifas e impostos, no valor total de R$ 2.194,15 (IOF, no valor de R$ 501,95; Despesa de Gravame, no valor de R$ 40,00; Registro no Detran, no valor de R$ 50,00; Tarifa de Cadastro, no valor de R$ 59,00; e Pagamento de Despesas de Terceiros, no valor de R$ 1.543,20), bem como da existência da incidência de juros capitalizados, em função do desenvolvimento da operação de crédito celebrada entre as partes em 12 de agosto de

2010 (*Cédula de Crédito Bancário – Financiamento de Veículo – no. 1234567890*, identificada às fls. 26/29 e fls. 133/136 dos autos).

O Requerente apresentou ainda o parecer técnico de fls. 31/39 dos autos, pelo qual está detalhado: o cálculo das prestações da operação de crédito em questão, com a aplicação da taxa de juros contratada, de 1,48% ao mês, representando o valor total de parcelas de R$ 42.584,40; e a apuração de valor recalculado de parcelas mensais com a utilização de sistema de cálculo alternativo, denominado *"Método de Gauss"*, apenas com base no valor financiado com encargos, no total de parcelas de R$ 35.274,00, e, portanto, não tendo sido incluídos no recálculo os valores de tarifas indicadas pelo Requerente como indevidas, chegando-se ao resultado final da diferença em função do recálculo proposto de R$ 7.310,40 (R$ 42.584,40 – R$ 35.274,00 = R$ 7.310,40), e, se for considerada a devolução em dobro, representaria o valor total pleiteado pelo Requerente de R$ 14.620,80.

Já às fls. 177/178 dos autos o Requerido solicitou a realização de perícia contábil, com a finalidade de comprovar que: *"não houve cobrança abusiva de juros ou tarifas, bem como que todas as tarifas cobradas constam do contrato devidamente assinado pelo Requerente"* e, ainda, *"não houve capitalização de juros no contrato reclamado"*.

Então, o MM Juízo determinou a realização de pericial contábil às fls. 209 dos autos.

Portanto, a perícia determinada na presente demanda tem como objetivo de trabalho verificar se há capitalização de juros na operação financeira estabelecida pela *"Cédula de Crédito Bancário – Financiamento de Veículo – no. 1234567890"*, celebrada entre as partes em 12 de agosto de 2010 e identificado às fls. 26/29 e fls. 133/136 dos autos, bem como quais teriam sido as condições para as cobranças de taxas de juros e tarifas em referida operação de crédito.

Assim, devemos inicialmente observar que, pelo instrumento celebrado entre as partes em 12 de agosto de 2010, de fls. 26/29 e fls. 133/136 dos autos, foram estabelecidas as seguintes condições financeiras, com destaque para a definição de aplicação da Tabela Price como sistema de amortização da operação em questão, incidência de taxa de juros de 1,48% ao mês, bem como das indicações de previsões para as cobranças de tarifas e impostos detalhados:

Dados do Financiamento:

Valor do Veículo: R$ 33.400,00
Entrada: R$ 7.500,00
Valor Financiado: R$ 25.900,00
Valor do IOF: R$ 501,95
Despesa Gravame: R$ 40,00
Registro no Detran: R$ 50,00
Taxa de Cadastro: R$ 59,00
Pagamento de Despesas de Terceiro: R$ 1.543,20
Total Financiamento: R$ 28.094,15

Taxa de Juros pré-fixada: 1,48% ao mês / 19,295% ao ano
Regime de Amortização: Price

Prestações e Vencimentos

Número de Parcelas: 60
Valor da Parcela: R$ 714,01
1º Vencimento: 12/09/2010
Último Vencimento: 12/08/2015

Quanto ao desenvolvimento do sistema de amortização contratado, Tabela Price, bem como da sistemática adotada pelo mesmo método para a incidência de juros, podemos observar o seguinte detalhamento apresentado no livro *Perícia financeira* (Editora Senac, p. 32-35), de autoria do próprio Perito Judicial que ao final subscreve o presente Laudo Pericial:

> O Sistema Francês de Amortização (Tabela Price) é um método de amortização caracterizado pela realização de pagamentos de parcelas constantes, ou seja, com o mesmo valor durante todo o período da operação.
>
> [...]
>
> Nesse sistema de amortização, com o cálculo de valores das parcelas iguais, formadas por juros e amortização, a taxa de juros incide sobre o capital amortizado e é menor a cada período, resultando em amortizações crescentes.
>
> [...]
>
> No final do período da operação financeira demonstrada, verificamos que o saldo devedor é zerado, pois foi totalmente amortizado após os pagamentos das parcelas mensais, que são formadas por juros simples incidentes sobre capital não incorporado de juros e amortização.
>
> [...]
>
> Com base no que foi demonstrado, verificamos que, na Tabela Price, as parcelas mensais são fixas, formadas por juros e amortização; os valores dos juros pagos são decrescentes e não são incorporados ao capital, representando juros simples; as amortizações são crescentes; e o saldo devedor decrescente, chegando ao valor de zero no final do período da operação.

Dessa forma, a Tabela Price representa sistema de pagamento de parcelas com juros simples, isso porque a mesma se caracteriza por percentual de juros calculado sobre um saldo devedor decrescente, em função da amortização mensal crescente, valores de juros decrescentes e parcelas constantes, ao contrário do cálculo de juros compostos em que os juros não pagos seriam incorporados ao saldo devedor, fazendo com que este último crescesse.

Além disso, considerando a necessidade específica de verificação técnica sobre a eventual ocorrência de capitalização de juros na operação financeira realizada entre as partes e objeto da presente demanda, o perito judicial elaborou o demonstrativo de cálculo Anexo 01 do laudo pericial, apresentando o detalhamento de cálculo completo com a indicação de cada um dos componentes do fluxo de pagamentos da *"Cédula de Crédito Bancário – Financiamento de Veículo – no. 1234567890"*, celebrada entre as partes em 12 de agosto de 2010 e identificado às fls. 26/29 e fls. 133/136 dos autos, considerando os seguintes elementos: valor do financiamento: R$ 28.094,15; sistema de amortização: Tabela Price; quantidade de parcelas: 60 parcelas mensais; incidência de juros de forma simples, incluindo os valores de tarifas e impostos adicionais, confirmando a utilização do sistema de amortização da Tabela Price para a obtenção do valor das parcelas mensais contratadas de R$ 714,01.

Ressalvamos apenas que existe uma diferença entre o percentual de juros contratado (1,48% ao mês) e o percentual de juros efetivamente aplicado, de 1,50328850% ao mês, para a apuração do valor da parcela mensal definida no contrato (amortização e juros), de R$ 714,01, conforme demonstrado pela perícia nos Anexos 01 e 02 do laudo pericial. E, especialmente pelo que está detalhado no Anexo 02 do Laudo Pericial, sendo aplicada a taxa de juros contratada, de 1,48% ao mês, o valor da parcela mensal obtida com a utilização dos demais dados da operação de crédito contratada entre as partes seria de R$ 709,74, como segue demonstrado pela perícia:

Sendo: C (Capital) = R$ 28.094,15; i (Taxa de Juros) = 1,48% ao mês; e n (número de períodos) = 60 meses:

$$\text{Parcela} = \frac{C \times i}{1 - \dfrac{1}{(1+i)^n}}$$

$$\text{Parcela} = \frac{R\$\,28.094,15 \times 1,48\%}{1 - \dfrac{1}{(101,48\%)^{60}}}$$

$$\text{Parcela} = \frac{R\$\,415,79}{1 - \dfrac{1}{(101,48\%)^{60}}}$$

$$\text{Parcela} = \frac{R\$ 415,79}{1 - \dfrac{1}{241,45\%}}$$

$$\text{Parcela} = \frac{R\$ 415,79}{1 - 41,416413\%}$$

$$\text{Parcela} = \frac{R\$ 415,79}{58,583587\%}$$

Parcela = R$ 709,74

Então, conforme demonstrado pelo perito judicial no Anexo 02 do laudo pericial e detalhado acima, tendo como base os dados, valores e sistemática de cálculo definidos no contrato celebrado entre as partes e objeto da presente demanda, é possível constatar que a prestação de no. 1, no valor de R$ 709,74, é formada por R$ 415,79, correspondente ao juro de 1,48% ao mês incidente sobre o principal de R$ 28.094,15 (R$ 28.094,15 × 1,48% = R$ 415,79), acrescido do valor de R$ 293,95, destinado à amortização do principal. A amortização é calculada mediante subtração do valor do juro do total da prestação (R$ 709,74 − R$ 415,79 = R$ 293,95).

Para que não reste dúvida quanto à inexistência do cálculo de juros capitalizados, ou juros sobre juros, devemos observar que o juro da parcela no. 2 é calculado sobre o montante de R$ 27.800,20, obtido após a amortização em função do pagamento efetuado da parcela de no. 1 (R$ 28.094,15 − R$ 293,95 = R$ 27.800,20).

Assim, o juro pago na parcela de no. 2, no valor de R$ 411,44, corresponde ao cálculo da taxa de 1,48% sobre o saldo devedor (R$ 27.800,20 × 1,48% = R$ 411,44).

Da mesma forma, os juros das parcelas seguintes são calculados com base no saldo devedor anterior, com a aplicação da taxa simples de 1,48% ao mês.

Analisando os dados demonstrados pela perícia para a operação celebrada entre as partes e objeto da presente demanda, fica evidente que nos cálculos da Tabela Price a taxa de juros definida é sempre aplicada linearmente, ou seja, na forma de juros simples, não ocorrendo a incidência de juros sobre juros ou juros compostos, sendo que as amortizações crescem exponencialmente na mesma razão da taxa de juros mensal, ou seja, de 1,48%, e os valores de juros são sempre decrescentes, pois incidem sobre o saldo devedor reduzido das amortizações crescentes, ao contrário do efeito de cálculo com juros compostos, em que os juros cresceriam em progressão geométrica. Além disso, o saldo devedor também decresce, confirmando a não incorporação de juros ao mesmo, ou incidência de juros sobre juros.

Dessa maneira, a simples aplicação da Tabela Price não implica cálculo de juros compostos, ou juros sobre juros, situação que está confirmada na operação realizada entre as partes e objeto da presente demanda, isso porque a mesma se caracteriza pelo pagamento mensal de juros calculados sobre um saldo devedor decrescente em função da amortização mensal crescente, ao contrário do cálculo de juros compostos em que os juros não pagos são incorporados ao saldo devedor, fazendo com que este último cresça.

Assim, conforme detalhado acima, não foram aplicados juros capitalizados na operação de crédito celebrada entre as partes, ficando apenas constatado pelos cálculos dos Anexos 01 e 02 do laudo pericial a existência da diferença de valor das prestações mensais de R$ 4,27 (diferença entre o valor da parcela indicada no contrato de R$ 714,01 e o valor da parcela de R$ 709,74 calculada com a aplicação da taxa de juros contratada de 1,48% ao mês), e, assim, representando a diferença total entre os valores de parcelas mensais definidas no contrato e calculadas com a aplicação de taxa de juros contratada de R$ 255,97 ((60 × R$ 714,01 = R$ 42.840,60) − (60 × R$ 709,74 = R$ 42.584,63) = R$ 255,97).

E, quanto aos valores de tarifas adicionais e impostos, observamos que os mesmos foram objetivamente definidos no contrato celebrado entre as partes e representam o valor total de R$ 2.194,15, conforme já detalhado pela perícia.

IV. Quesitos apresentados pelo Requerido – fls. 211

- 1º quesito do Requerido – Existe contrato firmado entre as partes? Se positivo, quais as condições previstas no contrato? Houve alguma confissão de dívida? Se positivo, qual a origem?

Resposta do perito judicial:

De acordo com o que consta do documento juntado às fls. 26/29 e fls. 133/136 dos autos, observamos a juntada da *Cédula de Crédito Bancário – Financiamento de Veículo – no. 1234567890*, celebrada entre as partes em 12 de agosto de 2010 e identificada às de fls. 26/29 e fls. 133/136 dos autos, estabelecendo as seguintes condições financeiras para o desenvolvimento da operação de crédito para aquisição de veículo automotor:

Dados do Financiamento:

Valor do Veículo: R$ 33.400,00
Entrada: R$ 7.500,00
Valor Financiado: R$ 25.900,00
Valor do IOF: R$ 501,95
Despesa Gravame: R$ 40,00
Registro no Detran: R$ 50,00

Taxa de Cadastro: R$ 59,00

Pagamento de Despesas de Terceiro: R$ 1.543,20

Total Financiamento: R$ 28.094,15

Taxa de Juros Pré-fixada: 1,48% ao mês / 19,295% ao ano

Regime de Amortização: Price

Prestações e Vencimentos

Número de Parcelas: 60

Valor da Parcela: R$ 714,01

1º Vencimento: 12/09/2010

Último Vencimento: 12/08/2015

No entanto, não consta dos autos qualquer evidência ou documento indicando a eventual existência alguma confissão de dívida formalizada entre as partes.

- 2º quesito do Requerido – É possível identificar a capitalização de juros, ou seja, incidência de juros sobre juros, de um período para outro?

Resposta do perito judicial:

Para a resposta técnica completa ao que está sendo solicitado no quesito, devemos inicialmente observar que, pelo instrumento celebrado entre as partes em 12 de agosto de 2010 (*Cédula de Crédito Bancário – Financiamento de Veículo – no. 1234567890*), identificado às fls. 26/29 e fls. 133/136 dos autos, foram estabelecidas as seguintes condições financeiras, com destaque para a definição de aplicação da Tabela Price como sistema de amortização da operação em questão, e incidência de taxa de juros de 1,48% ao mês:

Dados do Financiamento:

Valor do Veículo: R$ 33.400,00

Entrada: R$ 7.500,00

Valor Financiado: R$ 25.900,00

Valor do IOF: R$ 501,95

Despesa Gravame: R$ 40,00

Registro no Detran: R$ 50,00

Taxa de Cadastro: R$ 59,00

Pagamento de Despesas de Terceiro: R$ 1.543,20

Total Financiamento: R$ 28.094,15

Taxa de Juros pré-fixada: 1,48% ao mês / 19,295% ao ano

Regime de Amortização: Price

> **Prestações e Vencimentos**
>
> Número de Parcelas: 60
> Valor da Parcela: R$ 714,01
> 1º Vencimento: 12/09/2010
> Último Vencimento: 12/08/2015

Quanto ao desenvolvimento do sistema de amortização contratado, Tabela Price, bem como da sistemática adotada pelo mesmo método para a incidência de juros, podemos observar o seguinte detalhamento apresentado no livro *Perícia financeira* (Editora Senac, p. 32-35), de autoria do próprio Perito Judicial que ao final subscreve o presente Laudo Pericial:

> O Sistema Francês de Amortização (Tabela Price) é um método de amortização caracterizado pela realização de pagamentos de parcelas constantes, ou seja, com o mesmo valor durante todo o período da operação.
>
> [...]
>
> Nesse sistema de amortização, com o cálculo de valores das parcelas iguais, formadas por juros e amortização, a taxa de juros incide sobre o capital amortizado e é menor a cada período, resultando em amortizações crescentes.
>
> [...]
>
> No final do período da operação financeira demonstrada, verificamos que o saldo devedor é zerado, pois foi totalmente amortizado após os pagamentos das parcelas mensais, que são formadas por juros simples incidentes sobre capital não incorporado de juros e amortização.
>
> [...]
>
> Com base no que foi demonstrado, verificamos que, na Tabela Price, as parcelas mensais são fixas, formadas por juros e amortização; os valores dos juros pagos são decrescentes e não são incorporados ao capital, representando juros simples; as amortizações são crescentes; e o saldo devedor decrescente, chegando ao valor de zero no final do período da operação.

Dessa forma, a Tabela Price representa sistema de pagamento de parcelas com juros simples, isso porque a mesma se caracteriza por percentual de juros calculado sobre um saldo devedor decrescente, em função da amortização mensal crescente, valores de juros decrescentes e parcelas constantes, ao contrário do cálculo de juros compostos em que os juros não pagos seriam incorporados ao saldo devedor, fazendo com que este último crescesse.

Além disso, considerando a necessidade específica de verificação técnica sobre a eventual ocorrência de capitalização de juros na operação financeira realizada entre as partes e objeto da presente demanda, o Perito Judicial elaborou o demonstrativo de cálculo Anexo 01 do Laudo Pericial, apresentando o detalhamento de cálculo completo com a indicação de cada um dos componentes do fluxo de pagamentos da *"Cédula de Crédito Bancário – Financiamento de Veículo – no. 1234567890"*, celebrada entre as partes em 12 de agosto de 2010 e identificado às fls. 26/29 e fls. 133/136 dos autos, considerando os seguintes elementos: Valor do Financiamento: R$ 28.094,15; Sistema de Amortização: Tabela Price; Quantidade de Parcelas: 60 parcelas mensais; incidência de juros de forma simples, incluindo os valores de tarifas e impostos adicionais, confirmando a utilização do sistema de amortização da Tabela Price para a obtenção do valor das parcelas mensais contratadas de R$ 714,01.

Ressalvamos apenas que existe uma diferença entre o percentual de juros contratado (1,48% ao mês), com o percentual de juros efetivamente aplicado, de 1,50328850% ao mês, para a apuração do valor da parcela mensal definida no contrato (amortização e juros), de R$ 714,01, conforme demonstrado pela perícia nos Anexos 01 e 02 do Laudo Pericial. E, especialmente pelo que está detalhado no Anexo 02 do Laudo Pericial, sendo aplicada a taxa de juros contratada, de 1,48% ao mês, o valor da parcela mensal obtida com a utilização dos demais dados da operação de crédito contratada entre as partes seria de R$ 709,74, como segue demonstrado pela perícia:

Sendo: C (capital) = R$ 28.094,15; i (taxa de juros) = 1,48% ao mês; e n (número de períodos) = 60 meses:

$$\text{Parcela} = \frac{C \times i}{1 - \dfrac{1}{(1+i)^n}}$$

$$\text{Parcela} = \frac{R\$\,28.094{,}15 \times 1{,}48\%}{1 - \dfrac{1}{(1+1{,}48\%)^{60}}}$$

$$\text{Parcela} = \frac{R\$\,415{,}79}{1 - \dfrac{1}{(101{,}48\%)^{60}}}$$

$$\text{Parcela} = \frac{R\$\,415,79}{1 - \dfrac{1}{241,45\%}}$$

$$\text{Parcela} = \frac{R\$\,415,79}{1 - 41,416413\%}$$

$$\text{Parcela} = \frac{R\$\,415,79}{58,583587\%}$$

Parcela = R$ 709,74

Então, conforme demonstrado pelo Perito Judicial no Anexo 02 do Laudo Pericial e detalhado acima, tendo como base os dados, valores e sistemática de cálculo definidos no contrato celebrado entre as partes e objeto da presente demanda, é possível constatar que a prestação de no. 1, no valor de R$ 709,74, é formada por R$ 415,79, correspondente ao juro de 1,48% ao mês incidente sobre o principal de R$ 28.094,15 (R$ 28.094,15 × 1,48% = R$ 415,79), acrescido do valor de R$ 293,95, destinado à amortização do principal. A amortização é calculada mediante subtração do valor do juro do total da prestação (R$ 709,74 − R$ 415,79 = R$ 293,95).

Para que não reste dúvida quanto à inexistência do cálculo de juros capitalizados, ou juros sobre juros, devemos observar que o juro da parcela no. 2 é calculado sobre o montante de R$ 27.800,20, obtido após a amortização em função do pagamento efetuado da parcela de no. 1 (R$ 28.094,15 − R$ 293,95 = R$ 27.800,20).

Assim, o juro pago na parcela de no. 2, no valor de R$ 411,44, corresponde ao cálculo da taxa de 1,48% sobre o saldo devedor (R$ 27.800,20 × 1,48% = R$ 411,44).

Da mesma forma, os juros das parcelas seguintes são calculados com base no saldo devedor anterior, com a aplicação da taxa simples de 1,48% ao mês.

Analisando os dados demonstrados pela perícia para a operação celebrada entre as partes e objeto da presente demanda, fica evidente que nos cálculos da Tabela Price a taxa de juros definida é sempre aplicada linearmente, ou seja, na forma de juros simples, não ocorrendo a incidência de juros sobre juros ou juros compostos, sendo que as amortizações crescem exponencialmente na mesma razão da taxa de juros mensal, ou seja, de 1,48%, e os valores de juros são sempre decrescentes, pois incidem sobre o saldo devedor reduzido das amortizações crescentes, ao contrário do efeito de cálculo com juros compostos, em que os juros cresceriam em progressão geométrica. Além disso, o saldo devedor também decresce, confirmando a não incorporação de juros ao mesmo, ou incidência de juros sobre juros.

Dessa maneira, a simples aplicação da Tabela Price não implica cálculo de juros compostos, ou juros sobre juros, situação que está confirmada na operação realizada entre as partes e objeto da presente demanda, isso porque a mesma se caracteriza pelo pagamento mensal de juros calculados sobre um saldo devedor decrescente em função da amortização mensal crescente, ao contrário do cálculo de juros compostos em que os juros não pagos são incorporados ao saldo devedor, fazendo com que este último cresça.

Assim, conforme detalhado acima, não foram aplicados juros capitalizados na operação de crédito celebrada entre as partes, ficando apenas constatado pelos cálculos dos Anexos 01 e 02 do Laudo Pericial a existência da diferença de valor das prestações mensais de R$ 4,27 (diferença entre o valor da parcela indicada no contrato de R$ 714,01 e o valor da parcela de R$ 709,74 calculada com a aplicação da taxa de juros contratada de 1,48% ao mês), e, assim, representando a diferença total entre os valores de parcelas mensais definidas no contrato e calculadas com a aplicação de taxa de juros contratada de R$ 255,97 ((60 × R$ 714,01 = R$ 42.840,60) – (60 × R$ 709,74 = R$ 42.584,63) = R$ 255,97).

- 3º quesito do Requerido – Foram obedecidas as taxas de juros estipulados nos contratos?

Resposta do perito judicial:

Conforme o que foi detalhado pelo perito judicial na resposta técnica apresentada ao quesito anterior dessa mesma série, e de acordo com o que consta do instrumento celebrado entre as partes em 12 de agosto de 2010 (*Cédula de Crédito Bancário – Financiamento de Veículo – no. 1234567890*), identificado às fls. 26/29 e fls. 133/136 dos autos, observamos que existe uma diferença entre o percentual de juros contratado (1,48% ao mês) e o percentual de juros efetivamente aplicado, de 1,50328850% ao mês, para a apuração do valor da parcela mensal definida no contrato (amortização e juros), de R$ 714,01, conforme demonstrado pela perícia nos Anexos 01 e 02 do Laudo Pericial. E, especialmente pelo que está detalhado no Anexo 02 do Laudo Pericial, sendo aplicada a taxa de juros contratada, de 1,48% ao mês, o valor da parcela mensal obtida com a utilização dos demais dados da operação de crédito contratada entre as partes seria de R$ 709,74, como segue demonstrado pela perícia:

Sendo: C (Capital) = R$ 28.094,15; i (Taxa de Juros) = 1,48% ao mês; e n (número de períodos) = 60 meses:

$$\text{Parcela} = \frac{C \times i}{1 - \dfrac{1}{(1+i)^n}}$$

$$\text{Parcela} = \frac{R\$\ 28.094,15 \times 1,48\%}{1 - \dfrac{1}{(1+1,48\%)^{60}}}$$

$$\text{Parcela} = \frac{R\$\,415{,}79}{1 - \dfrac{1}{(101{,}48\%)^{60}}}$$

$$\text{Parcela} = \frac{R\$\,415{,}79}{1 - \dfrac{1}{241{,}45\%}}$$

$$\text{Parcela} = \frac{R\$\,415{,}79}{1 - 41{,}416413\%}$$

$$\text{Parcela} = \frac{R\$\,415{,}79}{58{,}583587\%}$$

Parcela = R$ 709,74

Assim, conforme detalhado acima, pelos cálculos dos Anexos 01 e 02 do laudo pericial está demonstrada a existência da diferença de valor das prestações mensais de R$ 4,27 (diferença entre o valor da parcela indicada no contrato de R$ 714,01 e o valor da parcela de R$ 709,74 calculada com a aplicação da taxa de juros contratada de 1,48% ao mês), e, assim, representando a diferença total entre os valores de parcelas mensais definidas no contrato e calculadas com a aplicação de taxa de juros contratada de R$ 255,97 ((60 × R$ 714,01 = R$ 42.840,60) – (60 × R$ 709,74 = R$ 42.584,63) = R$ 255,97).

- 4º quesito do Requerido – Foram feitas cobranças mensais cumulativas entre juros, taxas, comissões, encargos etc.? Quais os valores e taxas aplicadas?

Resposta do perito judicial:

Para a resposta técnica completa ao que está sendo solicitado no quesito, devemos inicialmente observar que, de acordo com o que consta da Inicial da presente demanda, identificada às fls. 01/16 e fls. 43/45 dos autos, o Requerente afirma que teriam sido realizadas cobranças indevidas pelo Requerido, de tarifas e impostos, no valor total de R$ 2.194,15 (IOF, no valor de R$ 501,95; Despesa de Gravame, no valor de R$ 40,00; Registro no Detran, no valor de R$ 50,00; Tarifa de Cadastro, no valor de R$ 59,00; e Pagamento de Despesas de Terceiros, no valor de R$ 1.543,20), bem como da existência da incidência de juros capitalizados, em função do desenvolvimento da operação de crédito celebrada entre as partes em 12 de agosto de 2010 (*Cédula de Crédito Bancário – Financiamento de Veículo – no. 1234567890*, identificada às fls. 26/29 e fls. 133/136 dos autos).

O Requerente apresentou ainda o Parecer Técnico de fls. 31/39 dos autos, pelo qual está detalhado: o cálculo das prestações da operação de crédito em questão, com a aplicação da taxa de juros contratada, de 1,48% ao mês, representando o valor total de parcelas de

R$ 42.584,40; e a apuração de valor recalculado de parcelas mensais com a utilização de sistema de cálculo alternativo, denominado *"Método de Gauss"*, apenas com base no valor financiado com encargos, no total de R$ 35.274,00, e, portanto, tendo sido excluídos no recálculo os valores de tarifas indicadas pelo Requerente como indevidas, chegando-se ao resultado final da diferença em função do recálculo proposto de R$ 7.310,40 (R$ 42.584,40 – R$ 35.274,00 = R$ 7.310,40), e, se for considerada a devolução em dobro, representaria o valor total pleiteado pelo Requerente de R$ 14.620,80.

Já às fls. 177/178 dos autos o Requerido solicitou a realização de perícia contábil, com a finalidade de comprovar que: *"não houve cobrança abusiva de juros ou tarifas, bem como que todas as tarifas cobradas constam do contrato devidamente assinado pelo Requerente"* e, ainda, *"não houve capitalização de juros no contrato reclamado"*. Assim, o MM Juízo determinou a realização de pericial contábil às fls. 209 dos autos.

Portanto, a perícia determinada na presente demanda tem como objetivo de trabalho verificar se há capitalização de juros na operação financeira estabelecida pela *"Cédula de Crédito Bancário – Financiamento de Veículo – no. 1234567890"*, celebrada entre as partes em 12 de agosto de 2010 e identificado às fls. 26/29 e fls. 133/136 dos autos, bem como quais teriam sido as condições para as cobranças de taxas de juros e tarifas em referida operação de crédito.

Dessa forma, pelo instrumento celebrado entre as partes em 12 de agosto de 2010, de fls. 26/29 e fls. 133/136 dos autos, foram estabelecidas as condições financeiras para o desenvolvimento de operação de crédito, com destaque para a definição de aplicação da Tabela Price como sistema de amortização da operação em questão, incidência de taxa de juros de 1,48% ao mês, bem como das indicações de previsões para as cobranças de tarifas e impostos indicados.

Assim, conforme detalhado nas Análises e Conclusões Técnicas, constatamos que não foram aplicados juros capitalizados na operação de crédito celebrada entre as partes, ficando apenas demonstrado pelos cálculos dos Anexos 01 e 02 do Laudo Pericial a existência da diferença de valor das prestações mensais de R$ 4,27 (diferença entre o valor da parcela indicada no contrato de R$ 714,01 e o valor da parcela de R$ 709,74 calculada com a aplicação da taxa de juros contratada de 1,48% ao mês), e, assim, representando a diferença total entre os valores de parcelas mensais definidas no contrato e calculadas com a aplicação de taxa de juros contratada de R$ 255,97 ((60 × R$ 714,01 = R$ 42.840,60) – (60 × R$ 709,74 = R$ 42.584,63) = R$ 255,97).

E, quanto aos valores de tarifas adicionais e impostos, observamos que os mesmos foram objetivamente definidos no contrato celebrado entre as partes e representam o valor total de R$ 2.194,15.

V. Conclusões técnicas

De acordo com o que consta da Inicial da presente demanda, identificada às fls. 01/16 e fls. 43/45 dos autos, o Requerente afirma que teriam sido realizadas cobranças indevidas pelo Requerido, de tarifas e impostos, no valor total de R$ 2.194,15 (IOF, no valor de R$ 501,95; Despesa de Gravame, no valor de R$ 40,00; Registro no Detran, no valor de R$ 50,00; Tarifa de Cadastro, no valor de R$ 59,00; e Pagamento de Despesas de Terceiros, no valor de R$ 1.543,20), bem como da existência da incidência de juros capitalizados, em função do desenvolvimento da operação de crédito celebrada entre as partes em 12 de agosto de 2010 (*Cédula de Crédito Bancário – Financiamento de Veículo – no. 1234567890*, identificada às fls. 26/29 e fls. 133/136 dos autos).

Já às fls. 177/178 dos autos o Requerido solicitou a realização de perícia contábil, com a finalidade de comprovar que: *"não houve cobrança abusiva de juros ou tarifas, bem como que todas as tarifas cobradas constam do contrato devidamente assinado pelo Requerente"* e, ainda, *"não houve capitalização de juros no contrato reclamado"*.

Assim, o MM Juízo determinou a realização de pericial contábil às fls. 209 dos autos.

Então, considerando a necessidade de verificação técnica sobre a eventual existência de capitalização de juros no instrumento contratual celebrado entre as partes, bem como das condições para as cobranças de taxas de juros e tarifas em referida operação, o perito judicial realizou a análise técnica completa das condições do instrumento celebrado entre as partes em 12 de agosto de 2010, de fls. 26/29 e fls. 133/136 dos autos, sendo possível constatar que está definida no contrato a aplicação da Tabela Price como sistema de amortização da operação em questão, mediante a incidência de taxa de juros de 1,48% ao mês, bem como estabelecidas as condições contratuais para as cobranças de tarifas e impostos que totalizam o valor de R$ 2.194,15.

A Tabela Price representa sistema de pagamento de parcelas com juros simples, isso porque a mesma se caracteriza por percentual de juros calculado sobre um saldo devedor decrescente, em função da amortização mensal crescente, valores de juros decrescentes e parcelas constantes, ao contrário do cálculo de juros compostos (ou capitalizados) em que os juros não pagos seriam incorporados ao saldo devedor, fazendo com que este último crescesse.

Ressalvamos apenas que existe uma diferença entre o percentual de juros contratado (1,48% ao mês) e o percentual de juros efetivamente aplicado, de 1,50328850% ao mês, para a apuração do valor da parcela mensal definida no contrato (amortização e juros), de R$ 714,01, conforme demonstrado pela perícia nos Anexos 01 e 02 do Laudo Pericial. E, especialmente pelo que está detalhado no Anexo 02 do Laudo Pericial, sendo aplicada a taxa de juros contratada, de 1,48% ao mês, o valor da parcela mensal obtida com a utilização dos demais dados da operação de crédito contratada entre as partes seria de R$ 709,74.

Assim, conforme detalhado acima, não foram aplicados juros capitalizados na operação de crédito celebrada entre as partes, ficando apenas constatado pelos cálculos dos Anexos 01 e 02 do Laudo Pericial a existência da diferença de valor das prestações mensais de R$ 4,27 (diferença entre o valor da parcela indicada no contrato de R$ 714,01 e o valor da parcela de R$ 709,74 calculada com a aplicação da taxa de juros contratada de 1,48% ao mês), e, assim, representando a diferença total entre os valores de parcelas mensais definidas no contrato e calculadas com a aplicação de taxa de juros contratada de R$ 255,97 ((60 × R$ 714,01 = R$ 42.840,60) – (60 × R$ 709,74 = R$ 42.584,63) = R$ 255,97).

E, quanto aos valores de tarifas adicionais e impostos, observamos que os mesmos foram objetivamente definidos no contrato celebrado entre as partes e representam o valor total de R$ 2.194,15, conforme já detalhado pela perícia.

VI. Encerramento

Vai o presente laudo pericial em 22 (vinte e duas) páginas digitadas por meio de processamento eletrônico de dados, todas assinadas digitalmente e a última datada. Acompanha 02 (dois) anexos.

São Paulo, 30 de junho de 2023
PAULO CORDEIRO DE MELLO
Perito Judicial
Corecon/SP 29.372 – CNPEF/Cofecon no. 483
CRC 1SP241431/O-7 – CNPC/CFC no. 39

Anexo 1: Demonstrativo de Cálculo do Contrato

\multicolumn{7}{c}{TP - Tabela Price: Parcela de R$ 714,01 (Contrato)}
Prest.	Vcto	Valor Prestação	Valor Juros	Taxa de Juros Mensal	Amortização	Saldo Devedor
col 1	col 2	col 3	col 4	col 5	col 7	col 8
0	-	-	-	-	-	28.094,15
1	12/09/10	714,01	422,34	1,50328850%	291,67	27.802,48
2	12/10/10	714,01	417,95	1,50328850%	296,06	27.506,42
3	12/11/10	714,01	413,50	1,50328850%	300,51	27.205,91
4	12/12/10	714,01	408,98	1,50328850%	305,03	26.900,88
5	12/01/11	714,01	404,40	1,50328850%	309,61	26.591,27
6	12/02/11	714,01	399,74	1,50328850%	314,27	26.277,00
7	12/03/11	714,01	395,02	1,50328850%	318,99	25.958,01
8	12/04/11	714,01	390,22	1,50328850%	323,79	25.634,23
9	12/05/11	714,01	385,36	1,50328850%	328,65	25.305,57

(continua)

(Anexo 1 – continuação)

TP - Tabela Price: Parcela de R$ 714,01 (Contrato)

Prest.	Vcto	Valor Prestação	Valor Juros	Taxa de Juros Mensal	Amortização	Saldo Devedor
10	12/06/11	714,01	380,42	1,50328850%	333,59	24.971,98
11	12/07/11	714,01	375,40	1,50328850%	338,61	24.633,37
12	12/08/11	714,01	370,31	1,50328850%	343,70	24.289,67
13	12/09/11	714,01	365,14	1,50328850%	348,87	23.940,80
14	12/10/11	714,01	359,90	1,50328850%	354,11	23.586,69
15	12/11/11	714,01	354,58	1,50328850%	359,43	23.227,26
16	12/12/11	714,01	349,17	1,50328850%	364,84	22.862,42
17	12/01/12	714,01	343,69	1,50328850%	370,32	22.492,10
18	12/02/12	714,01	338,12	1,50328850%	375,89	22.116,21
19	12/03/12	714,01	332,47	1,50328850%	381,54	21.734,67
20	12/04/12	714,01	326,73	1,50328850%	387,28	21.347,40
21	12/05/12	714,01	320,91	1,50328850%	393,10	20.954,30
22	12/06/12	714,01	315,00	1,50328850%	399,01	20.555,29
23	12/07/12	714,01	309,01	1,50328850%	405,00	20.150,29
24	12/08/12	714,01	302,92	1,50328850%	411,09	19.739,19
25	12/09/12	714,01	296,74	1,50328850%	417,27	19.321,92
26	12/10/12	714,01	290,46	1,50328850%	423,55	18.898,38
27	12/11/12	714,01	284,10	1,50328850%	429,91	18.468,46
28	12/12/12	714,01	277,63	1,50328850%	436,38	18.032,09
29	12/01/13	714,01	271,07	1,50328850%	442,94	17.589,15
30	12/02/13	714,01	264,42	1,50328850%	449,59	17.139,56
31	12/03/13	714,01	257,66	1,50328850%	456,35	16.683,20
32	12/04/13	714,01	250,80	1,50328850%	463,21	16.219,99
33	12/05/13	714,01	243,83	1,50328850%	470,18	15.749,81
34	12/06/13	714,01	236,77	1,50328850%	477,24	15.272,57
35	12/07/13	714,01	229,59	1,50328850%	484,42	14.788,15
36	12/08/13	714,01	222,31	1,50328850%	491,70	14.296,45
37	12/09/13	714,01	214,92	1,50328850%	499,09	13.797,36
38	12/10/13	714,01	207,41	1,50328850%	506,60	13.290,76
39	12/11/13	714,01	199,80	1,50328850%	514,21	12.776,55
40	12/12/13	714,01	192,07	1,50328850%	521,94	12.254,61
41	12/01/14	714,01	184,22	1,50328850%	529,79	11.724,82
42	12/02/14	714,01	176,26	1,50328850%	537,75	11.187,07
43	12/03/14	714,01	168,17	1,50328850%	545,84	10.641,23
44	12/04/14	714,01	159,97	1,50328850%	554,04	10.087,19

(Anexo 1 – conclusão)

TP - Tabela Price: Parcela de R$ 714,01 (Contrato)

Prest.	Vcto	Valor Prestação	Valor Juros	Taxa de Juros Mensal	Amortização	Saldo Devedor
45	12/05/14	714,01	151,64	1,50328850%	562,37	9.524,82
46	12/06/14	714,01	143,19	1,50328850%	570,82	8.953,99
47	12/07/14	714,01	134,60	1,50328850%	579,41	8.374,59
48	12/08/14	714,01	125,89	1,50328850%	588,12	7.786,47
49	12/09/14	714,01	117,05	1,50328850%	596,96	7.189,52
50	12/10/14	714,01	108,08	1,50328850%	605,93	6.583,58
51	12/11/14	714,01	98,97	1,50328850%	615,04	5.968,55
52	12/12/14	714,01	89,72	1,50328850%	624,29	5.344,26
53	12/01/15	714,01	80,34	1,50328850%	633,67	4.710,59
54	12/02/15	714,01	70,81	1,50328850%	643,20	4.067,39
55	12/03/15	714,01	61,14	1,50328850%	652,87	3.414,53
56	12/04/15	714,01	51,33	1,50328850%	662,68	2.751,85
57	12/05/15	714,01	41,37	1,50328850%	672,64	2.079,21
58	12/06/15	714,01	31,26	1,50328850%	682,75	1.396,45
59	12/07/15	714,01	20,99	1,50328850%	693,02	703,44
60	12/08/15	714,01	10,57	1,50328850%	703,44	-
		42.840,60	Valor Total Parcelas, 60 × R$ 714,01			

Anexo 2: Demonstrativo de Cálculo do Contrato

TP - Tabela Price: Juros de 1,48% (Contrato)

Prest.	Vcto	Valor Prestação	Valor Juros	Taxa de Juros Mensal	Amortização	Saldo Devedor
col 1	col 2	col 3	col 4	col 5	col 7	col 8
0	-	-	-	-	-	28.094,15
1	12/09/10	709,74	415,79	1,480000%	293,95	27.800,20
2	12/10/10	709,74	411,44	1,480000%	298,30	27.501,90
3	12/11/10	709,74	407,03	1,480000%	302,72	27.199,18
4	12/12/10	709,74	402,55	1,480000%	307,20	26.891,99
5	12/01/11	709,74	398,00	1,480000%	311,74	26.580,24
6	12/02/11	709,74	393,39	1,480000%	316,36	26.263,89
7	12/03/11	709,74	388,71	1,480000%	321,04	25.942,85
8	12/04/11	709,74	383,95	1,480000%	325,79	25.617,06
9	12/05/11	709,74	379,13	1,480000%	330,61	25.286,45
10	12/06/11	709,74	374,24	1,480000%	335,50	24.950,94
11	12/07/11	709,74	369,27	1,480000%	340,47	24.610,47

(continua)

(Anexo 2 – continuação)

TP - Tabela Price: Juros de 1,48% (Contrato)

Prest.	Vcto	Valor Prestação	Valor Juros	Taxa de Juros Mensal	Amortização	Saldo Devedor
12	12/08/11	709,74	364,24	1,480000%	345,51	24.264,97
13	12/09/11	709,74	359,12	1,480000%	350,62	23.914,34
14	12/10/11	709,74	353,93	1,480000%	355,81	23.558,53
15	12/11/11	709,74	348,67	1,480000%	361,08	23.197,45
16	12/12/11	709,74	343,32	1,480000%	366,42	22.831,03
17	12/01/12	709,74	337,90	1,480000%	371,84	22.459,19
18	12/02/12	709,74	332,40	1,480000%	377,35	22.081,84
19	12/03/12	709,74	326,81	1,480000%	382,93	21.698,91
20	12/04/12	709,74	321,14	1,480000%	388,60	21.310,31
21	12/05/12	709,74	315,39	1,480000%	394,35	20.915,96
22	12/06/12	709,74	309,56	1,480000%	400,19	20.515,77
23	12/07/12	709,74	303,63	1,480000%	406,11	20.109,66
24	12/08/12	709,74	297,62	1,480000%	412,12	19.697,54
25	12/09/12	709,74	291,52	1,480000%	418,22	19.279,32
26	12/10/12	709,74	285,33	1,480000%	424,41	18.854,91
27	12/11/12	709,74	279,05	1,480000%	430,69	18.424,22
28	12/12/12	709,74	272,68	1,480000%	437,07	17.987,15
29	12/01/13	709,74	266,21	1,480000%	443,53	17.543,62
30	12/02/13	709,74	259,65	1,480000%	450,10	17.093,52
31	12/03/13	709,74	252,98	1,480000%	456,76	16.636,76
32	12/04/13	709,74	246,22	1,480000%	463,52	16.173,24
33	12/05/13	709,74	239,36	1,480000%	470,38	15.702,86
34	12/06/13	709,74	232,40	1,480000%	477,34	15.225,52
35	12/07/13	709,74	225,34	1,480000%	484,41	14.741,11
36	12/08/13	709,74	218,17	1,480000%	491,58	14.249,53
37	12/09/13	709,74	210,89	1,480000%	498,85	13.750,68
38	12/10/13	709,74	203,51	1,480000%	506,23	13.244,45
39	12/11/13	709,74	196,02	1,480000%	513,73	12.730,72
40	12/12/13	709,74	188,41	1,480000%	521,33	12.209,39
41	12/01/14	709,74	180,70	1,480000%	529,04	11.680,35
42	12/02/14	709,74	172,87	1,480000%	536,87	11.143,47
43	12/03/14	709,74	164,92	1,480000%	544,82	10.598,65
44	12/04/14	709,74	156,86	1,480000%	552,88	10.045,77
45	12/05/14	709,74	148,68	1,480000%	561,07	9.484,70
46	12/06/14	709,74	140,37	1,480000%	569,37	8.915,33

(Anexo 2 – conclusão)

\multicolumn{7}{c}{**TP - Tabela Price: Juros de 1,48% (Contrato)**}
Prest.	Vcto	Valor Prestação	Valor Juros	Taxa de Juros Mensal	Amortização	Saldo Devedor
47	12/07/14	709,74	131,95	1,480000%	577,80	8.337,54
48	12/08/14	709,74	123,40	1,480000%	586,35	7.751,19
49	12/09/14	709,74	114,72	1,480000%	595,03	7.156,16
50	12/10/14	709,74	105,91	1,480000%	603,83	6.552,33
51	12/11/14	709,74	96,97	1,480000%	612,77	5.939,56
52	12/12/14	709,74	87,91	1,480000%	621,84	5.317,72
53	12/01/15	709,74	78,70	1,480000%	631,04	4.686,68
54	12/02/15	709,74	69,36	1,480000%	640,38	4.046,30
55	12/03/15	709,74	59,89	1,480000%	649,86	3.396,44
56	12/04/15	709,74	50,27	1,480000%	659,48	2.736,96
57	12/05/15	709,74	40,51	1,480000%	669,24	2.067,73
58	12/06/15	709,74	30,60	1,480000%	679,14	1.388,59
59	12/07/15	709,74	20,55	1,480000%	689,19	699,39
60	12/08/15	709,74	10,35	1,480000%	699,39	-
		42.584,63	\multicolumn{4}{l}{Valor Total Parcelas, com Juros de 1,48% ao mês}

6.2.3 Desconto de títulos e cheques

EXCELENTÍSSIMO SENHOR DOUTOR JUIZ DE DIREITO DA XXª VARA CÍVEL DA COMARCA DE MODELO

PROCESSO: 1010100-00.2014.8.26.XXXX – MONITORIA

REQUERENTE: BANCO ABCD DO BRASIL S/A

REQUERIDA: MARIA MÁRCIA MATOS MARQUES LTDA EPP

PAULO CORDEIRO DE MELLO, economista e contador, perito judicial nomeado às fls. 318 dos autos do processo em referência, tendo procedido aos estudos, análises, pesquisas e diligências que se fizeram necessárias, vem respeitosamente apresentar à consideração de Vossa Excelência o seguinte

LAUDO PERICIAL

I. Determinação para a realização de perícia contábil

- O MM Juízo determinou a realização de perícia contábil às fls. 318/319 dos autos, como segue:

Os pontos controvertidos estão evidenciados com a apresentação da peça de defesa.

> Defiro a produção de prova pericial para o adequado esclarecimento das questões controvertidas nos autos.

- O Requerente indicou assistente técnico e apresentou quesitos às fls. 321/322 dos autos, não tendo sido feito o mesmo pela Requerida.

II. Trabalho da perícia

Objetivo da perícia: Analisar as condições das cobranças realizadas pelo Requerente do Requerido, bem como dos contratos celebrados entre as partes e dos documentos comprobatórios das operações de crédito objeto de estudo pericial, tendo como base o que consta dos dados e documentos existentes nos autos e ainda fornecidos durante a realização do trabalho pericial, conforme determinado pelo MM Juízo às fls. 318/319 dos autos;

Local: Escritório do perito judicial;

Comunicações: Encaminhadas pelo perito judicial aos representantes das partes, e assistente técnico indicado pelo Requerente, informando o início do trabalho pericial, conforme Documentos 01 e 02 do laudo pericial, em atendimento ao que está determinado pelos artigos 474 e 466 § 2º do Novo Código de Processo Civil (Lei 13.105, de 16 de março de 2015);

Diligências: Realizadas pelo perito judicial em busca de dados e documentos necessários ao desenvolvimento da perícia, conforme termos de diligência identificados pelos Documentos 01 e 02 do laudo, além dos pedidos feitos pela perícia às fls. 342/344, fls. 405/410 e fls. 484/488 dos autos, em atendimento ao que está definido pelo artigo 473 § 3º do Novo Código de Processo Civil (Lei 13.105, de 16 de março de 2015);

Pesquisa: Feita pela perícia em busca de informações técnicas existentes na Lei 5.143, de 20 de outubro de 1966, por meio da página eletrônica do Palácio do Planalto: www.planalto.gov.br, conforme reproduzido pela perícia na resposta técnica apresentada ao quesito de no. 03 da série do Requerente, conforme previsto no artigo 473 § 3º do Novo Código de Processo Civil (Lei 13.105, de 16 de março de 2015);

Documentos utilizados: Os dos autos;

Metodologia: Exame técnico de documentos e conferência de cálculos;

Ressalva sobre as informações e documentação apresentada: A perícia foi feita com base nos documentos constantes dos autos, presumindo que os mesmos sejam fidedignos. Destacamos que parte dos documentos necessários ao desenvolvimento completo do trabalho pericial deixou de ser fornecido pelo Requerente para o perito judicial, tendo o MM Juízo determinado a conclusão da perícia com base nos elementos existentes, conforme fls. 496 dos autos.

III. Quesitos apresentados pelo Requerente – fls. 321

- 1º quesito do Requerente – Tratando-se de operação de desconto de cheques/títulos, o(a) cliente entrega duplicatas de terceiros, através de borderôs, para cobrança pela instituição financeira, sendo que a instituição financeira antecipa o valor do título ao cliente já descontados os juros do período entre a data do crédito e a data do vencimento do cheque/título?

Resposta do Perito Judicial:

De acordo com o que consta do Contrato-Mãe de Desconto de Recebíveis no. 900022222, celebrado entre as partes em 03 de abril de 2008 e identificado às fls. 358/362 dos autos, é possível observar que, na operação de desconto de títulos (cheques/duplicatas) em questão, o cliente entrega título de terceiro para cobrança pela instituição financeira, com a antecipação feita pela instituição financeira para o cliente de valor do título, descontada a remuneração (juros) para o período da operação.

- 2º quesito do Requerente – Juros é a remuneração do capital emprestado?

Resposta do perito judicial:

Positiva é a resposta, sob o ponto de vista técnico e, ainda de acordo com o que consta do Contrato-Mãe de Desconto de Recebíveis no. 900022222, celebrado entre as partes em 03 de abril de 2008 e identificado às fls. 358/362 dos autos, está definida a cobrança de juros (encargos) sobre o desconto de títulos e que representa a remuneração da operação.

- 3º quesito do Requerente – O IOF é um tributo de competência da União incidente sobre operações de crédito, sendo que o mutuário é o responsável pelo pagamento do IOF?

Resposta do perito judicial:

Para a resposta técnica completa ao que está sendo solicitado no quesito, devemos inicialmente observar que, de acordo com o que consta da Lei 5.143, de 20 de outubro de 1966, está definido o seguinte:

> Art 1º O Impôsto sôbre Operações Financeiras incide nas operações de crédito e seguro, realizadas por instituições financeiras e seguradoras, e tem como fato gerador:

I – no caso de operações de crédito, a entrega do respectivo valor ou sua colocação à disposição do interessado;

II – no caso de operações de seguro, o recebimento do prêmio.

E, pelo que está detalhado pelo Contrato-Mãe de Desconto de Recebíveis no. 900022222, celebrado entre as partes em 03 de abril de 2008 e identificado às fls. 358/362 dos autos, está definida a condição de cobrança de IOF – Imposto sobre Operações Financeiras para a operação em questão.

- 4º quesito do Requerente – Caso os cheques/títulos não sejam liquidados, o(a) cliente se responsabiliza pelo pagamento do mesmo? Neste caso, o valor devido pelo cliente corresponde ao valor líquido antecipado ou ao valor bruto de cada cheque/título?

Resposta do perito judicial:
De acordo com o que consta do Contrato-Mãe de Desconto de Recebíveis no. 900022222, celebrado entre as partes em 03 de abril de 2008 e identificado às fls. 358/362 dos autos, é possível observar, na operação de desconto de títulos (cheques/duplicatas) em questão, que o cliente seria responsável pelo pagamento do título não liquidado.

- 5º quesito do Requerente – Todos os cheques antecipados à cliente foram devidamente liquidados?

Resposta do perito judicial:
De acordo com o que consta dos documentos identificados nos autos, representados por: Resumo de Operação de Antecipação / Desconto de Cheques Pré-Datados – no. operação: 878173 – no. borderô: 3539, de 01 de setembro de 2010 – fls. 25/20 e fls. 352/353 dos autos e Borderô de Desconto de Cheques no. 3539, de 01 de setembro de 2010 – fls. 27/28 e fls. 354/357 dos autos; Resumo de Operação de Antecipação / Desconto de Cheques Pré-Datados – no. operação: 953371 – no. borderô: 3549, de 04 de outubro de 2010 – fls. 30/31 dos autos e Borderô de Desconto de Cheques no. 3549, de 04 de outubro de 2010 – fls. 32/33 dos autos; Resumo de Operação de Antecipação / Desconto de Cheques Pré-Datados – no. operação: 927740 – no. borderô: 3546, de 23 de setembro de 2010 – fls. 35/36 dos autos e Borderô de Desconto de Cheques no. 3546, de 23 de setembro de 2010 – fls. 37/38 dos autos; Demonstrativo de Cálculo dos Valores de 10 (dez) cheques pré-datados descontados por meio do Contrato no. 878173 – fls. 127 dos autos; Demonstrativo de Cálculo dos

Valores de 09 (nove) cheques pré-datados descontados por meio do Contrato no. 953371 – fls. 128 dos autos; Demonstrativo de Cálculo dos Valores de 08 (oito) cheques pré-datados descontados por meio do Contrato no. 927740 – fls. 129 dos autos, é possível observar que a cobrança realizada pelo Banco Requerente do Requerido refere-se aos valores de parte dos cheques que teriam sido descontados, e não pagos, por meio dos Contratos de nos. 878173, 953371 e 927740, de: R$ 3.960,70 para 01/11/2010 (cheque no. 100264); R$ 4.991,65 para 15/11/2010 (cheque no. 001128); R$ 2.900,00 para 16/11/2010 (cheque no. 010074); R$ 4.897,30 para 29/11/2010 (cheque no. 000166); R$ 2.900,00 para 30/11/2010 (cheque no. 010075); R$ 3.960,70 para 01/12/2010 (cheque no. 100262); R$ 4.993,60 para 03/12/2010 (cheque no. 011354); R$ 4.987,70 para 14/12/2010 (cheque no. 010004); R$ 4.993,60 para 16/12/2010 (cheque no. 011357); R$ 4.991,65 para 24/12/2010 (cheque no. 001129); R$ 3.921,60 para 05/12/2010 (cheque no. 001880); R$ 4.310,80 para 30/12/2010 (cheque no. 000068); R$ 3.211,70 para 01/01/2011 (cheque no. 001041); R$ 3.921,60 para 02/01/2011 (cheque no. 001879); R$ 3.987,10 para 14/01/2011 (cheque no. 000002); R$ 4.100,00 para 15/01/2011 (cheque no. 000049); R$ 3.987,10 para 29/01/2011 (cheque no. 000001); R$ 3.211,70 para 01/02/2011 (cheque no. 001042); R$ 3.908,00 para 01/02/2011 (cheque no. 850938); R$ 4.194,13 para 08/12/2010 (cheque no. 000433); R$ 4.863,50 para 13/12/2010 (cheque no. 000034); R$ 4.691,70 para 19/12/2010 (cheque no. 000028); R$ 4.613,20 para 20/12/2010 (cheque no. 500133); R$ 4.863,50 para 13/01/2011 (cheque no. 000035); R$ 4.691,70 para 19/01/2011 (cheque no. 000027); R$ 4.613,20 para 20/01/2011 (cheque no. 500132); e R$ 3.100,00 para 21/01/2011 (cheque no. 000003), a, assim, representando o valor total de 27 (vinte e sete) cheques descontados e que não teriam sido liquidados, do total de 30 (trinta) cheques descontados por meio dos borderôs, como pode ser constatado pela análise da documentação completa indicada.

Observamos ainda que o Banco Requerente realizou a juntada dos documentos identificados às fls. 445/462 dos autos, representados por cópias de somente parte dos cheques pré-datados objeto dos Contratos de nos. 878173, 953371 e 927740 e que não teriam sido pagos nas respectivas datas indicadas: R$ 2.900,00 para 16/11/2010 (cheque no. 010074); R$ 2.900,00 para 30/11/2010 (cheque no. 010075); R$ 4.993,60 para 03/12/2010 (cheque no. 011354); R$ 4.987,70 para 14/12/2010 (cheque no. 010004); R$ 4.993,60 para 16/12/2010 (cheque no. 011357); R$ 4.310,80 para 30/12/2010 (cheque no. 000068); R$ 4.863,50 para 13/12/2010 (cheque no. 000034); R$ 4.863,50 para 13/01/2011 (cheque no. 000035); R$ 4.691,70 para 19/01/2011 (cheque no. 000027); e R$ 3.100,00 para 21/01/2011 (cheque no. 000003), e, então, confirmando a existência de 10 (dez) cheques descontados, não pagos e devolvidos, do total de 27 (vinte e sete) cheques descontados e que não teriam sido pagos, objeto de cobrança realizada na presente demanda, como pode ser observado pelas reproduções dos cheques apresentadas.

Portanto, o Banco Requerido deixou de apresentar as cópias dos seguintes cheques: R$ 3.960,70 para 01/11/2010 (cheque no. 100264); R$ 4.991,65 para 15/11/2010 (cheque no. 001128); R$ 4.897,30 para 29/11/2010 (cheque no. 000166); R$ 3.960,70 para 01/12/2010 (cheque no. 100262); R$ 4.991,65 para 24/12/2010 (cheque no. 001129); R$ 3.921,60 para 05/12/2010 (cheque no. 001880); R$ 3.211,70 para 01/01/2011 (cheque no. 001041); R$ 3.921,60 para 02/01/2011 (cheque no. 001879); R$ 3.987,10 para 14/01/2011 (cheque no. 000002); R$ 4.100,00 para 15/01/2011 (cheque no. 000049); R$ 3.987,10 para 29/01/2011 (cheque no. 000001); R$ 3.211,70 para 01/02/2011 (cheque no. 001042); R$ 3.908,00 para 01/02/2011 (cheque no. 850938); R$ 4.194,13 para 08/12/2010 (cheque no. 000433); R$ 4.691,70 para 19/12/2010 (cheque no. 000028); R$ 4.613,20 para 20/12/2010 (cheque no. 500133); e R$ 4.613,20 para 20/01/2011 (cheque no. 500132), e, portanto, não sendo possível confirmar a existência de efetiva devolução de 17 (dezessete) cheques descontados e que são objeto da presente demanda.

IV. Conclusões técnicas

De acordo com o que consta dos documentos identificados nos autos, representados por: Resumo de Operação de Antecipação / Desconto de Cheques Pré-Datados – no. operação: 878173 – no. borderô: 3539, de 01 de setembro de 2010 – fls. 25/20 e fls. 352/353 dos autos e Borderô de Desconto de Cheques no. 3539, de 01 de setembro de 2010 – fls. 27/28 e fls. 354/357 dos autos; Resumo de Operação de Antecipação / Desconto de Cheques Pré-Datados – no. operação: 953371 – no. borderô: 3549, de 04 de outubro de 2010 – fls. 30/31 dos autos e Borderô de Desconto de Cheques no. 3549, de 04 de outubro de 2010 – fls. 32/33 dos autos; Resumo de Operação de Antecipação / Desconto de Cheques Pré-Datados – no. operação: 927740 – no. borderô: 3546, de 23 de setembro de 2010 – fls. 35/36 dos autos e Borderô de Desconto de Cheques no. 3546, de 23 de setembro de 2010 – fls. 37/38 dos autos; Demonstrativo de Cálculo dos Valores de 10 (dez) cheques pré-datados descontados por meio do Contrato no. 878173 – fls. 127 dos autos; Demonstrativo de Cálculo dos Valores de 09 (nove) cheques pré-datados descontados por meio do Contrato no. 953371 – fls. 128 dos autos; Demonstrativo de Cálculo dos Valores de 08 (oito) cheques pré-datados descontados por meio do Contrato no. 927740 – fls. 129 dos autos, é possível observar que a cobrança realizada pelo Banco Requerente do Requerido refere-se aos valores de parte dos cheques que teriam sido descontados, e não pagos, por meio dos Contratos de nos. 878173, 953371 e 927740, de: R$ 3.960,70 para 01/11/2010 (cheque no. 100264); R$ 4.991,65 para 15/11/2010 (cheque no. 001128); R$ 2.900,00 para 16/11/2010 (cheque no. 010074); R$ 4.897,30 para 29/11/2010 (cheque no. 000166); R$ 2.900,00 para 30/11/2010 (cheque no. 010075); R$ 3.960,70 para 01/12/2010 (cheque no. 100262); R$ 4.993,60 para 03/12/2010 (cheque no. 011354); R$ 4.987,70 para 14/12/2010 (cheque no. 010004); R$ 4.993,60 para

16/12/2010 (cheque no. 011357); R$ 4.991,65 para 24/12/2010 (cheque no. 001129); R$ 3.921,60 para 05/12/2010 (cheque no. 001880); R$ 4.310,80 para 30/12/2010 (cheque no. 000068); R$ 3.211,70 para 01/01/2011 (cheque no. 001041); R$ 3.921,60 para 02/01/2011 (cheque no. 001879); R$ 3.987,10 para 14/01/2011 (cheque no. 000002); R$ 4.100,00 para 15/01/2011 (cheque no. 000049); R$ 3.987,10 para 29/01/2011 (cheque no. 000001); R$ 3.211,70 para 01/02/2011 (cheque no. 001042); R$ 3.908,00 para 01/02/2011 (cheque no. 850938); R$ 4.194,13 para 08/12/2010 (cheque no. 000433); R$ 4.863,50 para 13/12/2010 (cheque no. 000034); R$ 4.691,70 para 19/12/2010 (cheque no. 000028); R$ 4.613,20 para 20/12/2010 (cheque no. 500133); R$ 4.863,50 para 13/01/2011 (cheque no. 000035); R$ 4.691,70 para 19/01/2011 (cheque no. 000027); R$ 4.613,20 para 20/01/2011 (cheque no. 500132); e R$ 3.100,00 para 21/01/2011 (cheque no. 000003), a, assim, representando o valor total de 27 (vinte e sete) cheques descontados e que não teriam sido liquidados, do total de 30 (trinta) cheques descontados por meio dos borderôs.

Pelos cálculos apresentados pelo Banco Requerente, identificados às fls. 127/129 dos autos, para a apuração do valor devido pelo Requerido dos 27 (vinte e sete) cheques pré-datados descontados e que não teriam sido liquidados, objeto dos borderôs de nos. 3539, 3549 e 3546, foram aplicados os seguintes encargos: (i) correção monetária pelos índices do INPC/IBGE – Índice Nacional de Preços ao Consumidor – Instituto Brasileiro de Geografia e Estatística; (ii) juros de mora de 1% (um por cento) ao mês; e (iii) multa de 2% (dois por cento) sobre o valor do débito apurado, sendo apurado o valor total devido de R$ 208.618,08 até 20 de outubro de 2014, como está destacado nos documentos indicados.

Observamos ainda que o Banco Requerente realizou a juntada dos documentos identificados às fls. 445/462 dos autos, representados por cópias de somente parte dos cheques pré-datados objeto dos Contratos de nos. 878173, 953371 e 927740 e que não teriam sido pagos nas respectivas datas indicadas: R$ 2.900,00 para 16/11/2010 (cheque no. 010074); R$ 2.900,00 para 30/11/2010 (cheque no. 010075); R$ 4.993,60 para 03/12/2010 (cheque no. 011354); R$ 4.987,70 para 14/12/2010 (cheque no. 010004); R$ 4.993,60 para 16/12/2010 (cheque no. 011357); R$ 4.310,80 para 30/12/2010 (cheque no. 000068); R$ 4.863,50 para 13/12/2010 (cheque no. 000034); R$ 4.863,50 para 13/01/2011 (cheque no. 000035); R$ 4.691,70 para 19/01/2011 (cheque no. 000027); e R$ 3.100,00 para 21/01/2011 (cheque no. 000003), e, então, confirmando a existência de 10 (dez) cheques descontados, não pagos e devolvidos, do total de 27 (vinte e sete) cheques descontados e que não teriam sido pagos.

Portanto, o Banco Requerido deixou de apresentar as cópias dos seguintes cheques: R$ 3.960,70 para 01/11/2010 (cheque no. 100264); R$ 4.991,65 para 15/11/2010 (cheque no. 001128); R$ 4.897,30 para 29/11/2010 (cheque no. 000166); R$ 3.960,70 para 01/12/2010 (cheque no. 100262); R$ 4.991,65 para 24/12/2010 (cheque no. 001129); R$ 3.921,60 para 05/12/2010 (cheque no. 001880); R$ 3.211,70 para 01/01/2011 (cheque no. 001041); R$ 3.921,60 para 02/01/2011 (cheque no. 001879); R$ 3.987,10 para 14/01/2011 (cheque no. 000002); R$ 4.100,00 para

15/01/2011 (cheque no. 000049); R$ 3.987,10 para 29/01/2011 (cheque no. 000001); R$ 3.211,70 para 01/02/2011 (cheque no. 001042); R$ 3.908,00 para 01/02/2011 (cheque no. 850938); R$ 4.194,13 para 08/12/2010 (cheque no. 000433); R$ 4.691,70 para 19/12/2010 (cheque no. 000028); R$ 4.613,20 para 20/12/2010 (cheque no. 500133); e R$ 4.613,20 para 20/01/2011 (cheque no. 500132), e, portanto, não sendo possível confirmar a existência de efetiva devolução de 17 (dezessete) cheques descontados e que são objeto da presente demanda.

V. Encerramento

Vai o presente laudo pericial em 14 (quatorze) páginas digitadas por meio de processamento eletrônico de dados, todas rubricadas e a última datada e assinada.

São Paulo, 12 de abril de 2020

PAULO CORDEIRO DE MELLO

Perito Judicial

Corecon/SP 29.372 – CNPEF/Cofecon no. 483

CRC 1SP241431/O-7 – CNPC/CFC no. 39

6.2.4 Cartão de crédito

EXCELENTÍSSIMO SENHOR DOUTOR JUIZ DE DIREITO DA XXª VARA CÍVEL DA COMARCA DE MODELO

PROCESSO: 1010100.2023.8.26.XXXX – COMUM

REQUERENTE: RENATA REGINA RUAS

REQUERIDO: BANCO ITCCARD S/A

PAULO CORDEIRO DE MELLO, economista e contador, perito judicial nomeado às fls. 300 dos autos do processo em referência, tendo procedido aos estudos, análises e diligências que se fizeram necessários, vem respeitosamente apresentar à consideração de Vossa Excelência o seguinte

LAUDO PERICIAL

I. Determinação para realização de perícia contábil

- Às fls. 300 dos autos o MM Juízo determinou a realização de perícia contábil, tendo sido honrosamente nomeado para a função de perito contábil o profissional que subscreve o presente laudo, e detalhado ainda o seguinte:

> Determino a realização de prova pericial, fixando os seguintes pontos controvertidos: I – Se ocorreram cobranças em duplicidade pelo Réu e se foram efetuados pagamentos em duplicidade de parcelas de cobranças, pela Autora ao Réu; II – Quanto foi eventualmente pago valor a maior pela Autora ao Réu do empréstimo concedido; III – Se teria ocorrido inadimplemento por parte da Autora de suas obrigações junto ao Réu; IV – Se o valor devido pela Autora já está pago ou ainda se existe saldo devedor em aberto.

- As partes não apresentaram quesitos e ainda deixaram de indicar assistentes técnicos para o acompanhamento do trabalho pericial.

II. Trabalho da perícia

Objetivo da perícia: Analisar as condições de desenvolvimento da operação de crédito (Empréstimo – Crédito Pessoal) que teria sido realizada por meio da utilização do cartão de crédito em nome da Requerente junto ao Requerido, bem como dos pagamentos das faturas de referido cartão de crédito, considerando a necessidade de verificação técnica da eventual existência de cobranças/pagamentos em duplicidade de parcelas da operação de empréstimo em questão, bem como da confirmação de inadimplemento da Requerente de suas obrigações junto ao Requerido e, da quitação da dívida, conforme definido pelo MM Juízo às fls. 300 dos autos;

Local: Escritório do perito judicial;

Comunicações: Encaminhadas pelo perito judicial aos representantes das partes, informando o início do trabalho pericial, conforme identificado pelos Documentos 01 e 02 do laudo, em atendimento ao que está determinado pelos artigos 474 e 466 § 2º do Novo Código de Processo Civil (Lei 13.105, de 16 de março de 2015);

Diligências: Realizadas pelo perito judicial em busca de dados e documentos necessários ao desenvolvimento da perícia, conforme termos de diligências encaminhados aos representantes das partes e reproduzidos pelos Documentos 01 e 02 do laudo, além dos pedidos feitos pelo perito às fls. 320/323 e fls. 341/344 dos autos, em atendimento ao que está definido pelo artigo 473 § 3º do Novo Código de Processo Civil (Lei 13.105, de 16 de março de 2015);

Documentos utilizados: Os dos autos e aqueles fornecidos pelas partes durante a realização das diligências periciais, identificados às fls. WWW dos autos e ainda especialmente reproduzidos no Documento 03 do laudo;

Metodologia: Exame técnico de documentos, conferências de dados e valores constantes dos documentos existentes nos autos e ainda fornecidos pelas partes durante a realização das diligências periciais;

Ressalva sobre as informações e documentação apresentada: A perícia foi feita com base nos documentos constantes dos autos, além daqueles apresentados pelas partes durante a realização das diligências periciais, presumindo que os mesmos sejam fidedignos. Destacamos que parte das informações necessárias ao desenvolvimento completo do trabalho pericial deixou de ser fornecida pelas partes prejudicando parcialmente o desenvolvimento do trabalho pericial, mas tendo sido determinado pelo MM Juízo a conclusão da perícia com base na documentação disponível, conforme fls. 400 dos autos.

III. Análises técnicas

De acordo com o que está descrito na Inicial da presente demanda, identificada às fls. 01/15 dos autos, observamos que a Requerente declara o seguinte: *"Durante o ano de 2021 realizou um empréstimo pessoal junto a Instituição Financeira Ré, cujas parcelas eram debitadas mensalmente de sua fatura do cartão de crédito, sendo todas as parcelas pagas nas respectivas datas de vencimentos"*, e, ainda, afirma que *"recebeu faturas com cobranças de parcelas do financiamento já liquidadas anteriormente, e, portanto, cobradas em duplicidade"*.

Já o Requerido apresentou sua Contestação às fls. 101/115 dos autos, indicando que não existiria *"nenhuma cobrança efetuada em duplicidade das parcelas do empréstimo contraído por meio da utilização do cartão de crédito pela Requerente"*, esclarecendo também que *"a negativação da Autora deu-se pela ausência de pagamento referente à fatura do mês de Setembro/2022"*, e, *"de Setembro a Dezembro de 2022 a autora não realizou o pagamento de nenhuma das faturas de seu cartão de crédito"*.

Dessa forma, o MM Juízo determinou a realização de pericial contábil, conforme fls. 300 dos autos, e detalhado ainda o seguinte:

> Determino a realização de prova pericial, fixando os seguintes pontos controvertidos: I – Se ocorreram cobranças em duplicidade pelo Réu e se foram efetuados pagamentos em duplicidade de parcelas de cobranças, pela Autora ao Réu; II – Quanto foi eventualmente pago valor a maior pela Autora ao Réu do empréstimo concedido; III – Se teria ocorrido inadimplemento por parte da Autora de suas obrigações junto ao Réu; IV – Se o valor devido pela Autora já está pago ou ainda se existe saldo devedor em aberto.

Assim, a perícia determinada na presente demanda tem como objeto de estudo a operação de crédito (Empréstimo – Crédito Pessoal) que teria sido realizada por meio do uso do cartão de crédito em nome da Requerente junto ao Requerido, bem como dos pagamentos das faturas de referido cartão de crédito, considerando a necessidade de verificação técnica da eventual existência de cobranças/pagamentos em duplicidade de parcelas da operação de empréstimo em questão, bem como da confirmação de inadimplemento da Requerente de suas obrigações junto ao Requerido e, da quitação da dívida.

Portanto, para a análise técnica completa das questões objeto da perícia determinada na presente demanda, o perito judicial realizou o levantamento de dados e valores relativos ao empréstimo efetuado por meio da utilização do cartão de crédito em nome da Requerente junto ao Requerido, além da condição de pagamentos das faturas mensais de referido cartão, para o período considerado desde a contratação da operação de crédito (empréstimo) até a data em que teria ocorrido a última cobrança, ou seja, desde maio de 2021 até dezembro de 2022, com base nos documentos apresentados às fls. 33/144 e fls. 180/200 dos autos, além da documentação complementar apresentada pelas partes durante a realização das diligências periciais, juntadas pelo Requerido às fls. 350/365 dos autos e encaminhada pela Requerente diretamente ao perito judicial por meio de mensagem eletrônica (*email*) e reproduzida no Documento 03 do laudo pericial, sendo possível constatar o seguinte:

- De acordo com o que consta dos extratos de movimentação financeira da Conta Corrente 01.234-5 – Agência 6789, em nome da Requerente junto ao Banco BBC S/A, juntados às fls. 82/103 dos autos, é possível observar a existência do crédito lançado no valor de R$ 40.000,00, em 21 de maio de 2022, e que representa a operação de crédito realizado por meio da utilização do Cartão de Crédito em nome da Requerente junto ao Banco Bbank S/A, para pagamento em parcelas;
- Já pelo que está identificado nas faturas mensais de cobrança do cartão de crédito em nome da Requerente (Aurum Card no. 9876.5432.1010), junto ao Banco Bbank S/A e, posteriormente, ITCCard S/A, com vencimentos entre 21 de junho de 2022 e 21 de dezembro de 2023, é possível observar os lançamentos das cobranças realizadas no total de 36 (trinta e seis) parcelas mensais e que seriam devidas para o pagamento da operação de crédito pessoal de R$ 40.000,00, no valor de R$ 2.185,77 cada parcela, mas com algumas indicações de numerações incorretas de parcelas e, ainda, ocorrências de duplicidade da numeração de parte das parcelas cobradas;
- Assim, considerando que não foi apresentado, durante a realização das diligências periciais, qualquer documento indicando quais teriam sido as condições contratuais para a realização da operação de crédito (empréstimo) entre as partes, e, portanto, com base exclusivamente os dados e informações constantes da documentação disponível para análise pericial, tendo sido realizada a operação de crédito em 21 de maio de 2022, com a disponibilização de recursos financeiros em conta corrente no valor total de R$ 40.000,00, para pagamento em 36 parcelas mensais e consecutivas, no valor de R$ 2.185,77 cada parcela, o plano de pagamento, com juros apurados pela perícia de 4,2382% ao mês pelo sistema de amortização da Tabela Price, seria o seguinte:

Anexo 1: Demonstrativo de Cálculo da Operação

\multicolumn{7}{c}{Anexo 1 - Demonstrativo de Cálculo da Operação}
0	Data	Parcela	Juros	% Juros	Amortiz.	Saldo Devedor
col 1	col 2	col 3	col 4	col 5	col 6	col 7
0	21/05/22	-	-	-	-	40.000,00
1	21/06/22	2.185,77	1.695,27	4,2382%	490,50	39.509,50
2	21/07/22	2.185,77	1.674,48	4,2382%	511,29	38.998,21
3	21/08/22	2.185,77	1.652,81	4,2382%	532,96	38.465,25
4	21/09/22	2.185,77	1.630,22	4,2382%	555,55	37.909,70
5	21/10/22	2.185,77	1.606,68	4,2382%	579,09	37.330,61
6	21/11/22	2.185,77	1.582,13	4,2382%	603,63	36.726,97
7	21/12/22	2.185,77	1.556,55	4,2382%	629,22	36.097,76
8	21/01/23	2.185,77	1.529,88	4,2382%	655,89	35.441,87
9	21/02/23	2.185,77	1.502,09	4,2382%	683,68	34.758,19
10	21/03/23	2.185,77	1.473,11	4,2382%	712,66	34.045,53
11	21/04/23	2.185,77	1.442,91	4,2382%	742,86	33.302,67
12	21/05/23	2.185,77	1.411,42	4,2382%	774,35	32.528,32
13	21/06/23	2.185,77	1.378,60	4,2382%	807,16	31.721,16
14	21/07/23	2.185,77	1.344,40	4,2382%	841,37	30.879,79
15	21/08/23	2.185,77	1.308,74	4,2382%	877,03	30.002,75
16	21/09/23	2.185,77	1.271,57	4,2382%	914,20	29.088,55
17	21/10/23	2.185,77	1.232,82	4,2382%	952,95	28.135,60
18	21/11/23	2.185,77	1.192,43	4,2382%	993,33	27.142,27
19	21/12/23	2.185,77	1.150,33	4,2382%	1.035,43	26.106,84
20	21/01/24	2.185,77	1.106,45	4,2382%	1.079,32	25.027,52
21	21/02/24	2.185,77	1.060,71	4,2382%	1.125,06	23.902,46
22	21/03/24	2.185,77	1.013,03	4,2382%	1.172,74	22.729,72
23	21/04/24	2.185,77	963,32	4,2382%	1.222,45	21.507,27
24	21/05/24	2.185,77	911,51	4,2382%	1.274,25	20.233,02
25	21/06/24	2.185,77	857,51	4,2382%	1.328,26	18.904,76
26	21/07/24	2.185,77	801,22	4,2382%	1.384,55	17.520,20
27	21/08/24	2.185,77	742,54	4,2382%	1.443,23	16.076,97
28	21/09/24	2.185,77	681,37	4,2382%	1.504,40	14.572,57
29	21/10/24	2.185,77	617,61	4,2382%	1.568,16	13.004,41
30	21/11/24	2.185,77	551,15	4,2382%	1.634,62	11.369,79
31	21/12/24	2.185,77	481,87	4,2382%	1.703,90	9.665,89
32	21/01/25	2.185,77	409,66	4,2382%	1.776,11	7.889,78
33	21/02/25	2.185,77	334,38	4,2382%	1.851,39	6.038,39
34	21/03/25	2.185,77	255,92	4,2382%	1.929,85	4.108,54

(continua)

(Anexo 1 – conclusão)

Anexo 1 - Demonstrativo de Cálculo da Operação

0	Data	Parcela	Juros	% Juros	Amortiz.	Saldo Devedor
35	21/04/25	2.185,77	174,13	4,2382%	2.011,64	2.096,90
36	**21/05/25**	**2.185,77**	**88,87**	**4,2382%**	**2.096,90**	-

- Destacamos ainda especialmente sobre a condição das cobranças / pagamentos de parcelas relativas ao empréstimo realizado por meio da utilização do cartão de crédito em nome da Requerente junto ao Requerido que: (i) as cobranças das parcelas de nos. 01, 02, 03, 16, 17 e 18, nos valores de R$ 2.185,77 cada uma, do total de 36 parcelas da operação de empréstimo realizada entre as partes, foram corretamente lançadas por meio das respectivas faturas de cartão de crédito, com vencimentos em: 21 de junho de 2022, 21 de julho de 2022, 21 de agosto de 2022, 21 de setembro de 2023, 21 de outubro de 2023, e 21 de novembro de 2023; (ii) a cobrança da parcela de no. 04 não foi lançada na fatura de cartão de crédito, com vencimento em 21 de setembro de 2022, mas tendo sido destacada a cobrança de parcela de empréstimo por valor inferior e considerando a realização de antecipação de pagamento *"Antecipação Empréstimo"*, no valor de R$ 2.035,88; (iii) as cobranças das parcelas de nos. 05, 06, 07, 08, 09, 10, 11, 12, 13, 14, e 15, nos valores de R$ 2.185,77 cada uma, do total de 36 parcelas da operação de empréstimo realizada entre as partes, não foram corretamente lançadas por meio das respectivas faturas de cartão de crédito, com vencimentos em: 21 de outubro de 2022, 21 de novembro de 2022, 21 de dezembro de 2022, 21 de janeiro de 2023, 21 de fevereiro de 2023, 21 de março de 2023, 21 de abril de 2023, 21 de maio de 2023, 21 de junho de 2023, 21 de julho de 2023, e 21 de agosto de 2023, sendo que: a parcela de no. 05 foi registrada como sendo a de no. 07; a parcela de no. 06 foi lançada como sendo a de no. 11; a parcela de no. 07 foi lançada como sendo a de no. 12; a parcela de no. 08 foi lançada como sendo a de no. 13; a parcela de no. 09 foi lançada como sendo a de no. 14; a parcela de no. 10 foi lançada como sendo a de no. 18; a parcela de no. 11 foi lançada como sendo a de no. 19; a parcela de no. 12 foi lançada como sendo a de no. 22; a parcela de no. 13 foi lançada como sendo a de no. 26; a parcela de no. 14 foi lançada como sendo a de no. 27; e a parcela de no. 15 foi lançada como sendo a de no. 30; e, (iv) as cobranças das parcelas de no. 19, 20, 21, 22, 23, 24, 25, 26, 27, 28, 29, 30, 31, 32, 33, 34, 35 e 36, nos valores de R$ 2.185,77 cada uma, do total de 36 parcelas da operação de empréstimo realizada entre as partes, foram lançadas para cobrança na fatura com vencimento em 21 de dezembro de 2023, e, então feita a antecipação de cobranças de parcelas, e aplicado desconto de encargos para referidas parcelas no valor total de R$ 10.505,20, considerando que a Requerente teria deixado de efetuar os pagamentos das faturas anteriores, com vencimentos em 21 de setembro de 2023, 21 de outubro de 2023 e 21 de novembro de 2023. Finalmente, observamos que a Requerente não forneceu para a perícia nenhum novo documento que pudesse identificar a eventual existência de qualquer outro pagamento efetuado pela mesma ao Requerido de parcelas relativas ao empréstimo (crédito pessoal) objeto de estudo técnico, além daquelas que foram relacionadas pelo perito; e, o Requerido deixou de apresentar qualquer explicação técnica indicando qual teria sido o motivo para a realização de lançamentos com algumas indicações de numerações incorretas de parcelas e, ainda, com duplicidade da numeração de parte das parcelas, e, portanto, não há mais nada a ser acrescentado pela perícia sobre essa questão;

- Dessa forma, considerando que foram realizadas as cobranças pelo Requerido, por meio das faturas de cartão de crédito em nome da Requerente, de 36 parcelas da operação de crédito (empréstimo), mesmo existindo algumas indicações incorretamente lançadas de números de parcelas e que não corresponderiam ao das respectivas numerações previstas para as respectivas datas de vencimentos das faturas de cartão de crédito, tecnicamente <u>observamos que não ocorreram cobranças de parcelas de empréstimo em duplicidade pelo Requerido da Requerente e, assim, também não existiram pagamentos de parcelas de empréstimo em duplicidade pela Requerente ao Requerido, sendo possível ainda constatar que não teria sido pago valor a maior pela Requerente em relação ao empréstimo realizado junto ao Requerido, de R$ 40.000,00, para pagamento em 36 parcelas mensais e consecutivas de R$ 2.185,77</u>;

- Ainda de acordo com o que consta das faturas de cobranças mensais de cartão de crédito em nome da Requerente junto ao Requerido, é possível observar que a Requerente teria deixado de efetuar os pagamentos das faturas com vencimentos em 21 de setembro de 2023, 21 de outubro de 2023 e 21 de novembro de 2023, sendo que: a fatura com vencimento em 21 de setembro de 2023, no valor de R$ 7.432,45, não está registrada como paga na fatura seguinte, de 21 de outubro de 2023; a fatura com vencimento em 21 de outubro de 2023, no valor de R$ 14.342,59, não está registrada como paga na fatura seguinte, de 21 de novembro de 2023; e, a fatura com vencimento em 21 de novembro de 2023, no valor de R$ 21.437,29, não está registrada como paga na fatura seguinte, de 21 de dezembro de 2023, e, então, tendo sido encerrada a cobrança de faturas de cartão de crédito mediante a emissão da fatura com vencimento em 21 de dezembro de 2023, no valor de R$ 58.462,49;

- Destacamos também sobre a questão envolvendo o levantamento de pagamentos que teriam sido efetuados pela Requerida ao Requerente, de faturas mensais do cartão de crédito, que a última cobrança identificada como tendo sido paga refere-se ao vencimento da fatura de 21 de agosto de 2023, no valor de R$ 6.751,53, confirmado pelos lançamentos identificados por meio dos extratos de movimentação financeira da Conta Corrente 01.234-5 – Agência 6789, em nome da Requerente junto ao Banco BBC S/A, de fls. 100/101 dos autos;
- Observamos também que, pelos extratos de movimentação financeira da Conta Corrente 01.234-5 – Agência 6789, em nome da Requerente junto ao Banco BBC S/A, apresentados às fls. 62/118 dos autos e ainda fornecidos diretamente pela Requerente ao perito judicial durante a realização das diligências periciais e destacados no Documento 03 do laudo, não foi identificado nenhum outro pagamento de faturas de cartão de crédito da Requerente junto ao Requerido após o vencimento da fatura de 21 de agosto de 2022;
- Dessa forma, considerando que a Requerente não teria efetuado o pagamento das últimas faturas emitidas pelo Requerido, com vencimentos em 21 de setembro de 2023, 21 de outubro de 2023 e 21 de novembro de 2023, ficou demonstrada a inadimplência da Requerente em relação aos valores de faturas de cartão de crédito junto ao Requerido, tendo sido finalmente emitida a última cobrança de fatura com vencimento em 21 de dezembro de 2023, no valor de R$ 58.462,49;
- Finalmente, tendo sido apresentada pela Requerente ao perito judicial a documentação complementar identificada pelo Documento 03 do laudo pericial, é possível observar a existência de acordo realizado com o Requerido, pelo qual foi quitado o valor total devido da operação de cartão de crédito junto ao Requerido, pelo valor de R$ 15.692,61, com desconto em relação ao total apurado para a data de vencimento considerada, portanto, não existiria mais nenhuma dívida a ser liquidada pela Requerente junto ao Requerido relativa ao cartão de crédito.

IV. Conclusões técnicas

A perícia determinada na presente demanda tem como objeto de estudo a operação de crédito (empréstimo) que teria sido realizada por meio do uso do cartão de crédito em nome da Requerente junto ao Requerido, bem como dos pagamentos das faturas de referido cartão de crédito, considerando a necessidade de verificação técnica da eventual existência de cobranças / pagamentos em duplicidade de parcelas da operação de empréstimo em questão, bem como da confirmação de inadimplemento da Requerente de suas obrigações junto ao Requerido e, da quitação da dívida.

Dessa forma, após a detida análise técnica dos dados e valores relativos ao empréstimo realizado por meio da utilização do cartão de crédito em nome da Requerente junto ao Requerido, além da condição de pagamentos das faturas mensais de cobrança de referido cartão de crédito, relativas ao período considerado desde a contratação da operação de crédito (empréstimo) até a data em que teria ocorrido a última cobrança de fatura mensal do cartão de crédito, ou seja, desde maio de 2022 até dezembro de 2023, é possível constatar o seguinte:

- Considerando que foram realizadas as cobranças pelo Requerido, por meio das faturas de cartão de crédito em nome da Requerente, de 36 parcelas da operação de crédito (empréstimo), mesmo existindo algumas indicações incorretamente lançadas de números de parcelas e que não corresponderiam ao das respectivas numerações previstas para as respectivas datas de vencimentos das faturas de cartão de crédito, tecnicamente <u>observamos que não houve cobranças de parcelas de empréstimo em duplicidade pelo Requerido da Requerente e, assim, também não houve pagamentos de parcelas de empréstimo em duplicidade pela Requerente ao Requerido, sendo possível ainda constatar que não teria sido pago valor a maior pela Requerente em relação ao empréstimo realizado junto ao Requerido, de R$ 40.000,00, para pagamento em 36 parcelas mensais e consecutivas de R$ 2.185,77</u>;
- <u>A Requerente não teria efetuado o pagamento das últimas faturas de cartão de crédito emitidas pelo Requerido, com vencimentos em 21 de setembro de 2023, 21 de outubro de 2023 e 21 de novembro de 2023, ficando demonstrada a inadimplência da Requerente em relação aos valores de faturas de cartão de crédito junto ao Requerido, tendo sido finalmente emitida a última fatura de cobrança com vencimento em 21 de dezembro de 2023, no valor de R$ 58.462,49</u>;
- Finalmente, tendo sido apresentada pela Requerente ao Perito Judicial a documentação complementar identificada pelo Documento 03 do Laudo Pericial e especialmente reproduzida nas Análises Técnicas do laudo, <u>é possível observar a existência de acordo realizado com o Requerido, pelo qual foi quitado o valor total devido da operação de cartão de crédito junto ao Requerido, pelo valor de R$ 15.692,61, com desconto em relação ao total apurado para a data de vencimento considerada, portanto, não existiria mais nenhuma dívida a ser liquidada pela Requerente junto ao Requerido relativa ao cartão de crédito.</u>

V. Encerramento

Vai o presente laudo pericial em 13 (treze) páginas, todas assinadas eletronicamente e a última datada.

São Paulo, 05 de julho de 2024

PAULO CORDEIRO DE MELLO

Perito Judicial

Corecon/SP 29.372 – CNPEF/Cofecon no. 483

CRC 1SP241431/O-7 – CNPC/CFC no. 39

Síntese

Neste capítulo, apresentamos quatro estudos de casos, originados da prática diária, a fim de propiciar a completa compreensão de como montar e estruturar um laudo pericial em matéria financeira.

Sabemos que, especificamente em perícia financeira, o laudo pericial constitui a formalização do trabalho desenvolvido pelo perito judicial. Sob essa ótica, ao longo do capítulo, observamos que, para preparar o trabalho pericial e materializar o laudo, é necessário levar a cabo vários estudos técnicos com base, principalmente, na aplicação de conhecimentos da matemática financeira, como a realização de cálculos financeiros com fórmulas matemáticas, a estruturação de demonstrativos de cálculos em planilhas financeiras, a execução de cálculos específicos para apurar taxas de juros e valores de parcelas nas operações de empréstimos e financiamentos, entre vários outros.

Somente o trabalho técnico com uma fundamentação especializada consistente e uma abordagem cuja linguagem acessível possibilite que o destinatário final efetivamente compreenda os resultados obtidos pela perícia conseguirá auxiliar o juiz na formação de sua convicção.

Questões para revisão

1) Considerando o estudo de caso sobre empréstimo, assinale a alternativa que apresenta o motivo pelo qual o valor da parcela mensal estabelecida em contrato, de R$ 17.521,96, **está ou não está** adequada aos demais elementos da operação de crédito contratada:

   a. De acordo com o que foi demonstrado pela perícia, com a utilização da parcela indicada no contrato, de R$ 17.521,96, seria apurada uma taxa de juros de 2,999935% ao mês, diferente, portanto, da taxa de juros contratada, de 2,9597700% ao mês.

   b. De acordo com o que foi demonstrado pela perícia, com a utilização da parcela indicada no contrato, de R$ 17.521,96, seria apurada a taxa de juros contratada, de 2,9597700% ao mês.

c. De acordo com o que foi demonstrado pela perícia, com a utilização da parcela indicada no contrato, de R$ 17.521,96, seria apurada uma taxa de juros de 2,9597700% ao mês, diferente, portanto, da taxa de juros contratada, de 2,999935% ao mês.

d. De acordo com o que foi demonstrado pela perícia, com a utilização da parcela indicada no contrato, de R$ 17.521,96, seria apurada a taxa de juros contratada, de 2,999935% ao mês.

e. De acordo com o que foi demonstrado pela perícia, com a utilização da parcela indicada no contrato, de R$ 17.521,96, seria apurada uma taxa de juros de 2,5599% ao mês, diferente, portanto, da taxa de juros contratada, de 2,9955% ao mês.

2) Considerando o estudo de caso sobre financiamento, assinale a alternativa que indica o valor da parcela apurada com a aplicação do percentual de juros definido no contrato, de 1,48% ao mês:

a. O valor da parcela apurada com a incidência da taxa de juros contratada, de 1,48% ao mês, é de R$ 709,74, estando, portanto, em conformidade com o que foi estabelecido no contrato.

b. O valor da parcela apurada com a incidência da taxa de juros contratada, de 1,48% ao mês, é de R$ 714,01, estando, portanto, em conformidade com o que foi estabelecido no contrato.

c. O valor da parcela apurada com a incidência da taxa de juros contratada, de 1,48% ao mês, é de R$ 715,21, estando, portanto, em conformidade com o que foi estabelecido no contrato.

d. O valor da parcela apurada com a incidência da taxa de juros contratada, de 1,48% ao mês, é de R$ 715,21, sendo, portanto, diferente do valor de parcela estabelecido no contrato, de R$ 709,74.

e. O valor da parcela apurada com a incidência da taxa de juros contratada, de 1,48% ao mês, é de R$ 709,74, sendo, portanto, diferente do valor de parcela estabelecido no contrato, de R$ 714,01.

3) No estudo de caso sobre operação de desconto de cheques, qual foi a conclusão alcançada pelo perito judicial?

a. Dos 27 cheques descontados e indicados como devolvidos, todas as ocorrências de devolução sem provisão de fundos para pagamento foram confirmadas por meio de documentos apresentados durante a perícia realizada.

b. Dos 27 cheques descontados e indicados como devolvidos, todas as ocorrências de devolução sem provisão de fundos para pagamento não foram confirmadas, considerando-se que o perito não realizou as diligências necessárias para tanto.

c. Dos 27 cheques descontados e indicados como devolvidos, foi possível confirmar que dez foram efetivamente devolvidos, com a disponibilização de documentos comprobatórios durante a realização de diligências periciais; para os 17 cheques restantes, não foram fornecidos dados comprobatórios das respectivas devoluções.
   d. Dos 27 cheques descontados e indicados como devolvidos, foi possível confirmar que 17 foram efetivamente devolvidos, com a disponibilização de documentos comprobatórios durante a realização de diligências periciais.
   e. Dos 27 cheques descontados e indicados como devolvidos, todas as ocorrências de devolução sem provisão de fundos para pagamento não foram confirmadas, considerando-se que não foram apresentados documentos comprobatórios ao perito durante a realização das diligências periciais.

4) No estudo de caso sobre a utilização de cartão de crédito, foram cobradas e pagas parcelas em duplicidade do financiamento realizado? Explique.

5) No estudo de caso sobre a utilização de cartão de crédito, o total do débito de faturas do cartão foi finalmente quitado? Explique.

Questões para reflexão

1) Em sua opinião, qual é a importância da leitura de casos práticos de perícia financeira?

2) É possível estruturar um laudo pericial com base em casos práticos apresentados para estudo?

Considerações finais

Na Justiça brasileira, a perícia financeira representa uma das principais modalidades de atuação para peritos com formação em Economia, Administração e Contabilidade, considerando-se a grande quantidade de ações judiciais em tramitação no país, principalmente envolvendo operações de crédito.

A base técnica utilizada pelos profissionais atuantes em perícia financeira, normalmente, consiste nos conceitos e nas aplicações da matemática financeira, além dos aspectos especiais das operações creditícias existentes no mercado financeiro, bem como das bases legais e normativas do Sistema Financeiro Nacional (SFN).

Ao longo dos seis capítulos que compõem este livro, procuramos apresentar informações, detalhes técnicos e estudos práticos, além de uma série de apontamentos especiais e inéditos sobre as condições de desenvolvimento de uma perícia financeira. Todavia, estamos longe de esgotar os assuntos discutidos nesta obra, justamente porque em cada caso haverá algum detalhe a mais e que terá de ser mais bem explorado pelo perito, com técnica e sensibilidade.

Esperamos ter contribuído para ampliar o universo de conhecimentos da perícia financeira e auxiliado os profissionais que atuam, ou pretendem atuar, nessa área. Devemos lembrar sempre que precisamos seguir estudando, aprendendo e aprimorando nossos saberes, para nos mantermos atualizados e, com efeito, executarmos o melhor trabalho possível.

Lista de siglas

Abecip – Associação Brasileira das Entidades de Crédito Imobiliário e Poupança
ACC – Adiantamentos sobre contratos de câmbio
ACE – Adiantamentos de cambiais entregues
BB – Banco do Brasil S.A.
BCB/Bacen – Banco Central do Brasil
BNDES – Banco Nacional do Desenvolvimento Econômico e Social
CEF – Caixa Econômica Federal
CFC – Conselho Federal de Contabilidade
CMN – Conselho Monetário Nacional
CNJ – Conselho Nacional de Justiça
Copom – Comitê de Política Monetária
Corecon – Conselho Regional de Economia
CPC – Código de Processo Civil
CRA – Conselho Regional de Administração
CRC – Conselho Regional de Contabilidade
Febraban – Federação Brasileira de Bancos
Fecap – Fundação Escola de Comércio Álvares Penteado
INPC – Índice Nacional de Preços ao Consumidor
INSS – Instituto Nacional de Seguro Social
NBC – Norma Brasileira de Contabilidade
SFH – Sistema Financeiro de Habitação
SFN – Sistema Financeiro Nacional
SGS – Sistema Gerenciador de Séries Temporais
TR – Taxa Referencial
TRD – Taxa Referencial Diária

Referências

ASSAF NETO, A. **Matemática financeira e suas aplicações**. São Paulo: Atlas, 2024.

ASSAF NETO, A. **Mercado financeiro**. São Paulo: Atlas, 2023.

BCB – Banco Central do Brasil. Disponível em: <https://www.bcb.gov.br>. Acesso em: 20 out. 2024a.

BCB – Banco Central do Brasil. **Calculadora do Cidadão**. Disponível em: <https://bcb.gov.br/meubc/calculadoradocidadao>. Acesso em: 26 out. 2024b.

BCB – Banco Central do Brasil. **Comitê de Estabilidade Financeira (Comef)**. Disponível em: <https://www.bcb.gov.br/acessoinformacao/comef>. Acesso em: 20 out. 2024c.

BCB – Banco Central do Brasil. **Comitê de Política Monetária (Copom)**. Disponível em: <https://www.bcb.gov.br/controleinflacao/copom>. Acesso em: 20 out. 2024d.

BCB – Banco Central do Brasil. **Glossário**: estatísticas monetárias e de crédito. Disponível em: <https://www.bcb.gov.br/content/estatisticas/Documents/Estatisticas_mensais/Monetaria_credito/glossariocredito.pdf>. Acesso em: 19 out. 2024e.

BCB – Banco Central do Brasil. **O que é Pix?** Disponível em: <https://www.bcb.gov.br/estabilidadefinanceira/pix>. Acesso em: 20 out. 2024f.

BCB – Banco Central do Brasil. Resolução CMN n. 1.064, de 5 de dezembro de 1985. **Diário Oficial da União**, Brasília, DF, 6 dez. 1985. Disponível em: <https://normativos.bcb.gov.br/Lists/Normativos/Attachments/42992/Res_1064_v1_O.pdf>. Acesso em: 19 out. 2024.

BCB – Banco Central do Brasil. Resolução CMN n. 4.882, de 23 de dezembro de 2020. **Diário Oficial da União**, Brasília, DF, 24 dez. 2020. Disponível em: <https://www.bcb.gov.br/estabilidadefinanceira/exibenormativo?tipo=RESOLU%C3%87%C3%83O%20CMN&numero=4882>. Acesso em: 19 out. 2024.

BRASIL. Decreto-Lei n. 278, de 28 de fevereiro de 1967. **Diário Oficial da União**, Poder Executivo, Brasília, DF, 28 fev. 1967. Disponível em: <https://www.planalto.gov.br/ccivil_03/decreto-lei/del0278.htm>. Acesso em: 19 out. 2024.

BRASIL. Lei n. 4.595, de 31 de dezembro de 1964. **Diário Oficial da União**, Poder Executivo, Brasília, DF, 31 dez. 1964. Disponível em: <https://www.planalto.gov.br/ccivil_03/leis/l4595.htm>. Acesso em: 19 out. 2024.

BRASIL. Lei n. 5.143, de 20 de outubro de 1966. **Diário Oficial da União**, Poder Legislativo, Brasília, DF, 24 out. 1966. Disponível em: <https://www.planalto.gov.br/ccivil_03/leis/L5143.htm>. Acesso em: 29 out. 2024.

BRASIL. Lei n. 13.105, de 16 de março de 2015. **Diário Oficial da União**, Poder Legislativo, Brasília, DF, 17 mar. 2015. Disponível em: <https://www.planalto.gov.br/ccivil_03/_ato2015-2018/2015/lei/l13105.htm>. Acesso em: 19 out. 2024.

CASTANHEIRA, N. P. **Matemática aplicada à prova pericial**. Curitiba: Contentus, 2020.

CFC – Conselho Federal de Contabilidade. NBC PP 01 (R1), de 19 de março de 2020. **Diário Oficial da União**, Brasília, DF, 27 mar. 2020a. Disponível em: <https://www1.cfc.org.br/sisweb/SRE/docs/NBCPP01(R1).pdf>. Acesso em: 19 out. 2024.

CFC – Conselho Federal de Contabilidade. NBC TP 01 (R1), de 19 de março de 2020. **Diário Oficial da União**, Brasília, DF, 27 mar. 2020b. Disponível em: <https://www1.cfc.org.br/sisweb/SRE/docs/NBCTP01(R1).pdf>. Acesso em: 19 out. 2024.

CNJ – Conselho Nacional de Justiça. **Justiça em Números 2024**. Brasília, 2024. Disponível em: <https://www.cnj.jus.br/wp-content/uploads/2024/05/justica-em-numeros-2024.pdf>. Acesso em: 20 out. 2024.

FORTUNA, E. **Mercado financeiro**: produtos e serviços. 22. ed. Rio de Janeiro: Qualitymark, 2020.

MELLO, P. C. de. **Perícia contábil**. São Paulo: Ed. Senac São Paulo, 2016a.

MELLO, P. C. de. **Perícia financeira**. São Paulo: Ed. Senac São Paulo, 2016b.

VIEIRA SOBRINHO, J. D. **Matemática financeira**. São Paulo: Atlas, 2018.

Anexo I – Resolução CMN n. 1.064, de 5 de dezembro de 1985, do Banco Central do Brasil

RESOLUÇÃO Nº 1.064

O BANCO CENTRAL DO BRASIL, na forma do art. 9º da Lei nº 4.595, de 31.12.64, torna público que o CONSELHO MONETÁRIO NACIONAL, em sessão realizada em 04.12.85, tendo em vista o disposto no art. 4º, incisos VI, VII, VIII e IX, da referida Lei, e no art. 29 da Lei nº 4.728, de 14.07.65,

R E S O L V E U:

I – Ressalvado o disposto no item III, as operações ativas dos bancos comerciais, de investimento e de desenvolvimento serão realizadas a taxas de juros livremente pactuáveis.

II – As operações ativas sujeitas à correção monetária deverão ter tal ajuste pré ou pós-fixado, nesse último caso tendo como limite máximo a variação das Obrigações Reajustáveis do Tesouro Nacional (ORTN) havida no período.

III – As operações ativas incentivadas continuam regendo-se pela regulamentação específica, permanecendo vedadas quaisquer práticas que impliquem ultrapassagem dos respectivos limites máximos de remuneração, as quais poderão ser consideradas faltas graves pelo Banco Central para os efeitos do art. 44 da Lei nº 4.595, de 31.12.64.

IV – O Banco Central poderá adotar as medidas julgadas necessárias à execução desta Resolução.

V – Esta Resolução entrará em vigor na data de sua publicação, ficando revogados o item I da Resolução nº 912, de 05.04.84, a Resolução nº 844, de 13.07.83, bem como as Circulares nºs 615, de 25.03.81, e 888, de 19.09.84.

Brasília-DF, 5 de dezembro de 1985

Fernão Carlos Botelho Bracher

Presidente

Este texto não substitui o publicado no DOU e no Sisbacen.

Fonte: BCB – Banco Central do Brasil. Resolução CMN n. 1.064, de 5 de dezembro de 1985. **Diário Oficial da União**, Brasília, DF, 6 dez. 1985. Disponível em: <https://normativos.bcb.gov.br/Lists/Normativos/Attachments/42992/Res_1064_v1_O.pdf>. Acesso em: 19 out. 2024.

Anexo II – Resolução CMN n. 4.882, de 23 de dezembro de 2020, do Banco Central do Brasil

RESOLUÇÃO CMN Nº 4.882, DE 23 DE DEZEMBRO DE 2020

Dispõe sobre a cobrança de encargos em decorrência de atraso no pagamento ou na liquidação de obrigações relativas a operações de crédito, a arrendamento mercantil financeiro e a faturas de cartão de crédito e de demais instrumentos de pagamento pós-pagos.

O Banco Central do Brasil, na forma do art. 9º da Lei nº 4.595, de 31 de dezembro de 1964, torna público que o Conselho Monetário Nacional, em sessão realizada de 18 a 23 de dezembro de 2020, com base nos arts. 4º, incisos VI e VIII, da referida Lei, e 7º e 23 da Lei nº 6.099, de 12 de setembro de 1974,

R E S O L V E U :

Art. 1º Esta Resolução disciplina a cobrança de encargos em decorrência de atraso no pagamento ou na liquidação de obrigações relativas a operações de crédito, a arrendamento mercantil financeiro e a faturas de cartão de crédito e de demais instrumentos de pagamento pós-pagos.

Art. 2º No caso de atraso no pagamento ou na liquidação de obrigações relativas a operações de crédito, a arrendamento mercantil financeiro e a faturas de cartão de crédito e de demais instrumentos de pagamento pós-pagos, podem ser cobrados de seus clientes, exclusivamente, os seguintes encargos:

I – juros remuneratórios, por dia de atraso, sobre a parcela vencida ou sobre o saldo devedor não liquidado, conforme o caso;

II – multa, nos termos da legislação em vigor; e

III – juros de mora, nos termos da legislação em vigor.

Art. 3º Para fins do disposto no inciso I do art. 2º, a taxa de juros aplicável deve ser:

I – no caso de operações de crédito e de arrendamento mercantil financeiro, a mesma taxa pactuada no contrato para o período de adimplência da operação; e

II – no caso de obrigações relacionadas a faturas de cartão de crédito e de demais instrumentos de pagamento pós-pagos, a taxa de juros pactuada para a modalidade de crédito rotativo, exceto na situação mencionada no parágrafo único.

Parágrafo único. No caso de parcelas vencidas de operação de crédito contratada para pagamento parcelado do saldo devedor do crédito rotativo remanescente após o vencimento da fatura de cartão de crédito ou de demais instrumentos de pagamento pós-pagos, a taxa de juros que trata o caput deve ser a mesma pactuada para o período de adimplência dessa operação.

Art. 4º É vedada a cobrança de quaisquer outros encargos remuneratórios ou moratórios pelo atraso no pagamento ou na liquidação de obrigações vencidas relativas a operações de crédito, a arrendamento mercantil financeiro e a faturas de cartão de crédito e de demais instrumentos de pagamento pós-pagos além dos previstos nesta Resolução, sem prejuízo do disposto no art. 395 da Lei nº 10.406, de 10 de janeiro de 2002 (Código Civil).

Art. 5º Os critérios e a forma de cobrança dos encargos em decorrência de atraso no pagamento ou na liquidação de obrigações nos termos desta Resolução devem constar no contrato firmado com o cliente.

Parágrafo único. No caso de operações vinculadas a cartões de crédito e aos demais instrumentos de pagamento pós-pagos, as respectivas taxas devem ser informadas no demonstrativo ou na fatura de pagamento disponibilizado regularmente ao cliente.

Art. 6º O Banco Central do Brasil poderá baixar as normas e adotar as medidas necessárias à execução do disposto nesta Resolução.

Art. 7º Ficam revogados:

I – os arts. 1º a 4º da Resolução nº 4.655, de 26 de abril de 2018; e

II – a Resolução nº 4.558, de 23 de fevereiro de 2017.

Art. 8º Esta Resolução entra em vigor em 1º de fevereiro de 2021.

Bruno Serra Fernandes
Presidente do Banco Central do Brasil, substituto

Fonte: BCB – Banco Central do Brasil. Resolução CMN n. 4.882, de 23 de dezembro de 2020. **Diário Oficial da União**, Brasília, DF, 24 dez. 2020. Disponível em: <https://www.bcb.gov.br/estabilidadefinanceira/exibenormativo?tipo=RESOLU%C3%87%C3%83O%20CMN&numero=4882>. Acesso em: 19 out. 2024.

Anexo III – Modelo de Termo de Diligência na Perícia Judicial

> **MODELO N.º 01 – TERMO DE DILIGÊNCIA NA PERÍCIA JUDICIAL**
> **TERMO DE DILIGÊNCIA N.º.../PROCESSO/Procedimento N.º...**
>
> **Prezado(a) Senhor(a)**
>
> **IDENTIFICAÇÃO DO DILIGENCIADO**
>
> SECRETARIA:
> PARTES:
> PERITO DO JUÍZO: (categoria e n.º do registro)
> ASSISTENTE TÉCNICO: (categoria e n.º do registro)
>
> Na condição de perito do juízo, nomeado pelo Juízo em referência e/ou assistente técnico indicado pelas partes, nos termos do §3º do Art. 473 do Novo Código do Processo Civil e das Normas Brasileiras de Contabilidade, solicita-se que sejam fornecidos ou postos à disposição, para análise, os documentos a seguir indicados:
>
> 1.
> 2.
> 3.
> 4.
> etc.
>
> Para que se possa cumprir o prazo estabelecido para a elaboração e a entrega do laudo pericial contábil ou do parecer técnico-contábil, é necessário que os documentos requisitados sejam fornecidos ou postos à disposição deste perito até o dia __/__/__, às __h, no endereço .... (do perito do juízo e/ou assistente técnico, e/ou parte). Solicita-se que seja comunicado quando os documentos tiverem sido remetidos ou estiverem à disposição para análise.
>
> Em caso de dúvida, solicita-se esclarecê-la diretamente com o signatário no endereço e telefones indicados.
>
> Local e data
>
> Assinatura
> Nome do perito
> Números de registro no CRC e, se houver, no CNPC e categoria profissional de contador.

Fonte: CFC - Conselho Federal de Contabilidade. NBC TP 01 (R1), de 19 de março de 2020. Diário Oficial da União, Brasília, DF, 27 mar. 2020. Disponível em: <https://www1.cfc.org.br/sisweb/SRE/docs/NBCTP01(R1).pdf>. Acesso em: 19 out. 2024.

Respostas

CAPÍTULO 1

Questões para revisão

1) a

2) c

3) d

4) Instituições financeiras são as pessoas jurídicas públicas ou privadas que tenham como atividade a coleta, intermediação ou aplicação de recursos financeiros próprios ou de terceiros, em moeda nacional ou estrangeira, e a custódia de valor de propriedade de terceiros, conforme a Lei n. 4.595/1964.

5) PIX é o meio de pagamento instantâneo criado pelo Banco Central do Brasil no qual recursos financeiros são transferidos entre contas, a qualquer hora ou dia, a partir de uma conta corrente, conta poupança ou conta de pagamento pré-paga.

Questões para reflexão

1) Espera-se que o(a) leitor(a) responda que não seria possível haver um mercado financeiro com funcionamento regular como o Sistema Financeiro Nacional sem a organização definida pela legislação.

2) Espera-se que o(a) leitor(a) responda que não seria possível realizar operações de crédito e investimento sem a existência de instituições financeiras e a organização do Sistema Financeiro Nacional, em razão da dificuldade de encontro entre agentes com recursos financeiros em excesso e agentes com necessidade de recursos financeiros.

CAPÍTULO 2

Questões para revisão

1) a

2) e

3) b

4) Uma operação de desconto de cheques é uma operação de crédito na qual se faz o adiantamento de recursos às pessoas jurídicas vinculados a cheques recebidos pelo tomador e entregues em custódia à instituição financeira.

5) Operações de crédito com recursos livres são representadas por operações financeiras, como empréstimos e financiamentos, realizadas com taxas de juros livremente pactuadas entre instituições financeiras e mutuários; operações de crédito com recursos direcionados são representadas por operações financeiras regulamentadas pelo Conselho Monetário Nacional ou vinculadas a recursos orçamentários com destinação específica.

Questões para reflexão

1) Espera-se que o(a) leitor(a) responda que as taxas de juros em operações de crédito são livremente pactuáveis no mercado financeiro pois se consideram diversos aspectos para cada tipo de operação, como prazo, garantias e riscos, forma de pagamento, entre outros elementos.

2) Espera-se que o(a) leitor(a) responda que existem muitas modalidades de crédito no mercado financeiro pois se consideram as mais variadas necessidades de utilização de crédito, valores de crédito, prazos, entre outros aspectos.

CAPÍTULO 3

Questões para revisão

1) b

2) a

3) c

4) A perícia financeira poderá ser determinada em um processo judicial quando for necessária a aplicação de conhecimento técnico ou científico para o esclarecimento de dúvidas técnicas na fase de conhecimento ou para o desenvolvimento de cálculos em liquidação de sentença.

5) Após a entrega do laudo pericial, elaborado pelo perito judicial, o assistente técnico indicado pela parte litigante poderá apresentar seu parecer técnico.

Questões para reflexão

1) Espera-se que o(a) leitor(a) responda que o assistente técnico indicado pela parte não precisa seguir as mesmas regras de impedimento e suspeição do perito judicial porque é de confiança da parte e, portanto, tem condição de parcialidade no processo judicial.

2) Espera-se que o(a) leitor(a) responda que a participação do perito judicial nomeado em um processo pode ser inviabilizada por diversos motivos pessoais e profissionais, entre os quais podemos citar: doença, falta de conhecimento técnico específico na matéria que é objeto de estudo, impossibilidade momentânea para assumir novos compromissos profissionais em razão de outras atividades já em desenvolvimento, entre outros.

CAPÍTULO 4

Questões para revisão

1) e

2) a

3) c

4) Identificado na página eletrônica oficial do Banco Central do Brasil, o Sistema Gerenciador de Séries Temporais é utilizado para a obtenção de taxa média de juros única por modalidade de operação e período de levantamento.

5) Na página eletrônica inicial do Banco Central do Brasil ("Estatísticas" → "Taxas de Juros"), é possível realizar uma pesquisa técnica das taxas médias de juros praticadas no mercado financeiro por tipo de operação e período de ocorrência, com a obtenção do resultado dos dados relativos a cada uma das instituições financeiras pesquisadas e divulgadas pelo Bacen.

Questões para reflexão

1) Espera-se que o(a) leitor(a) responda que é obrigação do perito judicial realizar trabalho pericial completo e que atenda efetivamente ao determinado pelo juiz no processo judicial, inclusive obtendo informações adicionais por meio de pesquisas técnicas e documentação complementar mediante diligências periciais relevantes para os estudos periciais.

2) Espera-se que o(a) leitor(a) responda que o Banco Central do Brasil é uma importante fonte de pesquisa por se tratar da instituição oficial, reguladora e fiscalizadora do Sistema Financeiro Nacional, realizando pesquisas e levantamentos técnicos de dados e informações do mercado financeiro.

CAPÍTULO 5

Questões para revisão

1) a

2) d

3) b

4) As respostas apresentadas pelo perito judicial em seu laudo pericial devem ser conclusivas, técnicas e devidamente fundamentadas, evitando-se respostas simples como "sim" ou "não".

5) O perito é o responsável por abordar pontos obscuros do laudo destacados pelas partes e pelos assistentes técnicos que elas indicaram e que precisam ser complementados ou simplesmente esclarecidos para a adequada compreensão dos resultados registrados pela perícia em seu laudo.

Questões para reflexão

1) Espera-se que o(a) leitor(a) responda que os quesitos apresentados em uma perícia são facultativos – portanto, não obrigatórios. Dessa forma, a perícia deverá ser realizada com ou sem quesitos formulados.

2) Espera-se que o(a) leitor(a) responda que respostas simples como "sim" ou "não" não são adequadas para o atendimento de quesitos formulados pois, nesses casos, não se evidencia nenhuma abordagem, demonstração ou explicação técnica pelo perito.

CAPÍTULO 6

Questões para revisão

1) a
2) e
3) c
4) Não foram cobradas e pagas parcelas em duplicidade do financiamento realizado por meio da utilização de cartão de crédito. A perícia, no entanto, identificou erros em numerações de parte das parcelas lançadas nas faturas de cobranças do cartão.
5) A perícia constatou que o total do débito final de faturas do cartão de crédito foi liquidado em função de pagamento de fatura em acordo firmado entre as partes.

Questões para reflexão

1) Espera-se que o(a) leitor(a) responda que a leitura de casos práticos possibilita uma melhor compreensão de como são realizados os trabalhos periciais em matéria financeira, principalmente envolvendo operações de crédito.

2) Espera-se que o(a) leitor(a) responda que é, sim, possível preparar a estruturação de um laudo pericial com base na análise de casos práticos, tais como os apresentados no capítulo.

Sobre o autor

Paulo Cordeiro de Mello é economista e contador graduado pela Pontifícia Universidade Católica de São Paulo (PUC-SP), pós-graduado em Avaliações Periciais Contábeis pela Fundação Escola de Comércio Álvares Penteado (Fecap) e especialista em Métodos Quantitativos Aplicados a Séries Econômicas e Financeiras pela Fundação Instituto de Pesquisas Econômicas (Fipe), com mais de 20 anos de experiência atuando como perito judicial nomeado em varas cíveis e anexos fiscais do Tribunal de Justiça de São Paulo. É professor universitário e palestrante especializado em perícia contábil e financeira, autor dos livros *Perícia contábil* e *Perícia financeira*, publicados pela Editora Senac São Paulo, e de *A perícia no Novo Código de Processo Civil*, publicado pela Editora Trevisan. É membro da comissão responsável pela criação do Cadastro Nacional de Peritos Contábeis (CNPC) do Conselho Federal de Contabilidade (CFC) (Portaria n. 127/2015), da 1ª Comissão Administradora do Exame de Qualificação Técnica – Perito Contábil (EQT-PC), do CFC (Portaria n. 218/2016), e do Grupo de Estudos sobre Perícia Contábil do CFC (Portaria n. 284/2024).

Impressão:
Janeiro/2025